国語授業の
「常識」を

土居正

Masahiro

東洋館出版社

はじめに――「常識」を疑うことこそ私の実践の根幹であった

あるセミナーで登壇した後、私の話を聞いてくださったベテランの先生が私にこうおっしゃいました。

「先生のご著書は全て読ませていただいております。先生のご実践は、全然突飛ではなく、今あるものを生かして、少しの工夫で大きな成果を生み出していると思うんです。だから、すごいと思いますし、自分もやってみようと思えるのです」

最大限のお褒めのお言葉をいただいて、非常にうれしく思うと同時に、自分の実践の創り方に対して言語化していただき、私自身非常に勉強になったなと当時思いました。

実は、私はこのような「今あるものを生かして」とか「少し工夫している」と言っていただくことが非常に多いのです。

このことから、私は、今あるものを生かしつつ、「ほんの少しの工夫」をして、実践を創っているのだなと改めて気づかされたのでした。

教育界には、明文化されている、いないに関わらず、「これはこうやるものだ」と多くの教師が捉えている「常識」が存在します。

例えば、「漢字はドリルだけでなく、練習ノートにたくさん書かせるものだ」「音読は音読カードを渡して家で練習するものだ」「体育では準備体操を最初にみんなでするものだ」「九九は2の段、5の段から指導するものだ」「小学校の外国語授業では、あまり文字を見せない方がよい」などといった教科指導に関わる「常識」から、「席替えは教師が決めるものだ」「掃除当番を決めて、掃除に取り組むものだ」「授業の初めと終わりには号令をかけるものだ」「朝の挨拶は日直が行うものだ」など、学級経営に関わる「常識」まで、様々なものが存在しています。

もちろん、ここに挙げたのは一例にすぎませんので、他にも無数に「常識」は存在しています。また、ここに挙げたのは、私が見聞きしてきた「常識」であり、「自分や自分の周りでは、それは『常識』ではない」と感じる方もいらっしゃるでしょう。

とはいえ、多かれ少なかれ「教育界に常識が存在している」ことには、ほとんどの先生方にご納得いただけると思います。

そして、我々教師は、こうした「常識」を「何となくみんながそうしているから」といった漠然とした理由で、信じ、採用しがちなのもまた事実です。

私は、こうした「常識」を全否定したいわけではありません。

大切なのは、「常識」のよさを十分踏まえた上で、その限界を教師が認識し、創造的に常識を乗り越える方法を考えていくことが重要だと主張したいのです。

私は、これまで漢字指導や音読指導といった国語科指導について幾多の提案をしてきました。概ね、多くの先生方から「効果があった！」「子ども達が意欲的に取り組んでいる」という前向きなお声をいただいております。

ふと振り返ってみると、こうした提案のほとんどは、「常識」を疑い、適切に乗り越えてきたものであったということに気づきました。

その上で私が強く主張したいのは、次のことです。

「常識」を疑うことが、私の実践構想の根幹にあった！

考えてみると、どの実践も「常識」を疑うところから、全て始まっていたのです。

こうした経験を経て、「常識」を疑い、乗り越えていくという過程は、教師が力量を高めていく重要な方法の一つなのではないかと考えるようになりました。

そこで、本書では、私が専門とする国語科教育に焦点を絞りつつ、「『常識』を疑い、乗り越えていく」という教師の力量形成の仕方やその末に導き出した私なりの「『常識』を乗り越えた手法」を具体的に紹介していきたいと考えています。国語科教育以外にも、学級経営や児童指導などにも「常識」は多く存在しますので、いずれそれらも紹介できればと思います。

手法の部分を読めば具体的な指導法を知ることができるので、教壇に立ってまだ日が浅い教師にとっても参考になると思いますし、「そろそろハウツー収集から一歩離れ、その先に行きたい」「自分なりのやり方を考えていきたい」と思っている中堅教師にも、力量形成や自分なりの手法を考えるという点において参考になると思います。本書の具体例は国語科教育ですが、それぞれの先生方が改善したいと考えていらっしゃる教科などでも考え方は通用すると思います。

国語科教育に関する「常識」は、非常に多く存在しています。それが「常識」に過ぎないということが意識できないくらい、根付いているものもあります。

これらを、どのように私が捉え、乗り越えようとしてきたのかを記していきたいと思います。

本書は、私の国語科指導改善の歴史、思考、過程、結果を全て記した一冊となるでしょう。「結果」である「具体的手法」のみならず、その「過程」である私の「思考」も、恐らくこれから力を高めていきたい先生方のお役に立てるはずです。本書が、先生方の力量形成の一助となれば幸いです。

土居　正博

第3章　国語授業の「常識」を乗り越えろ
―疑い、改善し、実践する―

第1章

「常識」を疑え

1

教育界に存在する無数の「常識」

教育界には無数の「常識」が存在します。

ここでいう「常識」とは「明文化されている、されていないに関わらず（多くの場合は明文化されていない）、多くの教師が『これはそういうものだ』『これはこうやるものだ』と捉えている説」ということです。以降、「常識」と出てきた際は、この定義で認識してください。

さて、学級経営面での「常識」だけでも、次のようなものがパッと思いつきます。

- 朝の会では教師が一日の予定を話す。
- 授業を始めるときは日直が号令をかける。
- 当番の仕事内容は教師が決める。
- 当番の仕事は一人につき一つ。
- 掃除当番の掃除箇所は一週間ごとに変えていく。
- 給食当番以外は座って待つ。
- 帰りの会は全員が帰りの支度ができてから始める。

学級経営ではなく、授業面になれば、さらに多くの「常識」が存在していることでしょう。例えば次のようなものです。

- 漢字はドリルだけでなく、練習ノートにたくさん書かせるものだ。
- 漢字50問テストは問題を子ども達に配り、練習させてから行うものだ。
- 音読は音読カードを渡して家で練習するものだ。
- 物語の指導では、初発の感想を書かせ、子ども達に疑問を出させる。
- 体育では準備体操を最初にみんなでするものだ。
- 九九は2の段、5の段から指導するものだ。
- 算数では、解法を自分の力で考えさせてから指導していく方がよい。
- 小学校の外国語授業では、あまり文字を見せない方がよい。
- 外国語授業では、言語活動が重要であり、練習をさせるべきではない。

パッと思いつくものだけでも無数に挙げていくことができるでしょう。

これらが「常識」かどうかは、人によって多少異なります。

周りの多くの先生方がその手法を採っていれば、「常識」だと言えますし、そうでなければ「常識」とは言い切れないと思います。

ですから、ここに挙げたのはあくまでも私が見聞きしてきた「常識」であり、地域や学校によって微妙に違うことは大いにあり得ることでしょう。

私は研究者ではありませんから、もちろんこういった教育界の「常識」についてデータをとって調査をしたわけではありません。

ゆえに、「教育現場には『常識』が存在している」というのは、あくまで現場に身を置く者としての私の「肌感覚」です。

ですが、この「肌感覚」が大きく間違っているとは到底思えません。それは、本書をお読みいただいている先生方も共感していただけることでしょう。

大規模な調査をしたわけではないので、地域や学校によって「常識」が「微妙に」違うか、「大きく」違うかすら不透明ですが、全国各地で国語科指導について講演やセミナーをさせていただく身からすると、これも「肌感覚」で恐縮ですが、恐らく「微妙」な違いに過ぎないのではないかと思います。

例えば、先に「常識」の例として挙げた「漢字50問テストは問題を子ども達に配り、練習させてから行う」指導法は、私が初任のときに先輩から教わった方法です。この「常識」について、全国各地でセミナーを行った際に、参加者の先生方に聞くと、ほとんどの先生方がこの手法を採るとおっしゃっていました。逆に「問題は事前に配らずテストを抜き打ちで行う」と答えた方は、記憶の限り1、2人でした（私が質問した、セミナー参加者は延べ１０００名ほどです）。

つまり、「漢字50問テストは問題を子ども達に配り、練習させてから行う」というものは、私が勤務してきた学校や川崎市の公立学校のみで通じる「常識」ではなく、全国各地で通じる「常識」である可能性が高いのです。

これは、一例に過ぎませんが、他の「常識」も同様である可能性は決して低くないと私は考えています。

また、公立学校か私立学校かによっても「常識」は大きく違うかもしれません。

学習指導要領に則った教育をすることが不可欠な公立学校と違い、私立学校にはそういった縛りはありません。

しかし、私立学校の基盤も、多くの場合、公立学校を経験した先生方がつくっていると耳にしますので、もしかしたら、そこまで公立と私立の「常識」にそこまで大きな違いはないかもしれません。

先に挙げたセミナー参加者延べ１０００名の中には、少なからず私立学校の先生方も含まれています。

つまり、公立私立問わず、先の漢字50問テストに関する「常識」は、通用する可能性が高いのです。

このように見てくると、本書で紹介する具体的な「常識」が読者の先生方お一人お一人にとって「常識」であるとは言い切れなくとも、「教育界には『常識』が存在している」ということには、ご納得いただけることでしょう。

だとすれば、こうした「常識」を疑い、変化させていくことは、それが広がり根付いている教育界を変革することにも繋がるのです。

ただし、「常識」には、広がり根付くだけの価値や妥当性があるのもまた事実です。ですから、「常識」を単に疑うだけでは、「奇をてらう」だけの実践になる危険性があります。結局、そのような実践では、日本の教育を前進させることはできません。そもそも、周りからも受け入れられないでしょう。

ですから、本書では、「常識」を適切に疑い、乗り越えていく方法について考えていきます。そのために、まずは「常識」の性質を知り、「疑う」ために必要なことについて考えていきましょう。

「常識」の種類—手法常識と概念常識—

「常識」には種類があります。

一つが、「〜〜はこうやるものだ」という手法に関する具体的な「常識」です。もう一つが「〜〜

はこういうものだ」という、「〇〇観」などと表現される考え方に関する概念的な「常識」です。それぞれを「手法常識」と「概念常識」と名づけ、分けて考えてみましょう。

手法常識

一般的に考えると、手法常識の方が圧倒的に多いと言えるでしょう。

先に「常識」の具体例として学級経営と授業の常識を挙げましたが、これらは全て手法の「常識」です。

現場の教師の多くは、この「手法常識」を、「何となく」「周りがやっているから」という確固たる理由ではない理由で採用し、日々実践しがちなのです。

しかし、教育にはたった一つの正解など存在しないのは、周知の事実ですし、ほとんどの教師が主張することです。私自身も拙著『教師のＮＧ思考』等で主張しています。

なぜなら、子ども達は多様だからです。その多様な全員に適した教育など存在するわけがありません。また、教師一人一人だって多様です。全員が同じようにできるわけがありません。子ども一人一人が多様であり、教師一人一人が多様なことから、その学校その学校で行われる教育は多様にならざるを得ません。

さらに、これを家庭教育まで広げて考えると、教育の「多様さ」がより浮き彫りになることでしよう。幼いころ、ゲームを頻繁に買ってもらっている友達をうらやましく思っていた私は、よく母から「よそはよそ。うちはうち」と何度も聞かされました。家が違えば、親と子のルールも違い、教育方針もバラバラです。よって、そこで採用される教育の手法は、細かく見れば全て違うとも言えます。

しかしながら、現状では、学校現場において「手法常識」は、これまで読者の方々と確認したように確かに存在しています。教育に絶対的な正解はないと誰もが認識していながら、多くの教師が「盲目的」に「こうするものだ」と信じ、ある意味「正解」であると捉えて行っている手法が無数にあるのです。

この「手法常識」は、教師が実際に行う手法であるので、目に見えやすいのですが、いざそれが「常識」であるかどうかは、意識的に自覚しようとしなければ意外と自覚しにくいものです。「手法常識」は「手法」であるので、子ども達にとって直接影響が出るものでもあります。

ですから、本書のコンセプトである「『常識』を疑って実践を高めていく」場合、まずはこの「手法常識」を疑っていくことがスタートになります。比較的目に見えやすく、子ども達への影響も出やすいため、自覚化しやすいからです。

概念常識

「手法常識」と比べると、やや抽象的に、その物事に対する捉え方のようになっているのが「概念常識」です。

例えば、「授業とは、教師が説明し、子どもがそれを聞くものだ」「漢字はたくさん書いて練習するものだ」「物語の授業では、主人公の気持ちを考えていけばよい」などといったものです。

この「概念常識」は「手法常識」と比べ、当然目に見えにくく、教師が「常識」であることを認識するのが非常に難しくなっています。

つまり、「概念常識」は乗り越えるのが難しいということです。

教師自身が乗り越えるのが難しいだけでなく、「手法常識」に比べて目には見えにくいのですが、子ども達に与える影響も非常に大きいものがあります。

なぜなら、教師の思考（物事の捉え方など）から、その教師が実際に採る手法が選択されたり創出されたりするからです（詳細は『教師のＮＧ思考』をお読みください）。

子どもに直接働きかけたり影響を与えたりするのは「手法」ですが、その手法の大本は教師の「思考」「概念」からきているのです。

このように考えると、「手法常識」を見直していくのは「概念常識」を見直していくことと比べれば容易ではありますが、それだけでは根本的な解決には至らないということが分かります。

「手法」がせきや鼻水などの風邪の症状だとすれば、「概念」や「思考」はウイルスや細菌など風邪の根本原因だと言えるでしょう。

せきや鼻水を抑えるのは、そのときやその日を少しでも快適に過ごすために重要ですが、風邪を治すという根本的な解決には直結していません。

根本的な解決のためには、風邪のウイルスや細菌に対して、体の免疫機能が打ち勝つ必要があります。

教育の世界でも「ハウツーばかりではだめだ」「手法だけを真似していても、付け焼き刃にしかならない」とよく言われるのは、このことが原因です。

しかしながら、現場で学級経営がうまくいかない、明日の授業に困っているという状況で、具体的手法の改善ではなく、思考法や概念への捉えの改善ばかり考えていくのは非現実的です。困っている教師は、「今」「この場」をどうにかしたいのです。私自身、教育現場に身を置く者として痛いほど、この気持ちはよく分かります。どんなに崇高な思考や概念をもっていても、子ども達に対して機能させられなければ意味がないのです。むしろ、そのために手法をどん欲に学んでいくことには、私は賛成です。

具体的手法のないところに、力強い教育実践は存在し得ません。

重要なのは、手法を学ぶこと「だけ」で終わらないようにすることです。手法を学び改善してい

「常識」の種類

	手法常識	概念常識
定義	具体的な手法に関する常識	抽象的な考え方や理念に関する常識
具体例	・漢字は縦に練習する ・最初の授業では初読の感想を書く	・授業とは教師の説明を子どもが聞くこと ・物語の授業では主人公の気持ちを考えていけばよい
特徴	比較的目に見えやすく、子どもに直接影響が出やすい	目に見えにくく、手法選択の判断軸となる
改善の価値	具体的手法の改善で、目の前の学級や子どもの現実的な課題の解決を目指す	問題の根本的な解決を図り、手法へと派生させていく

「手法常識」と「概念常識」で分類して考えることで、考え方の幅が広がります。「具体的な指導場面で考えるとなんだろう?」(「手法常識」を考える)と考えたり、「どのような考え方から生まれた常識なんだろう?」(「概念常識」を考える)と考えたりすることで、「常識」を乗り越えるためのヒントを得やすくなります。

くだけでは、やはり「付け焼き刃」に過ぎません。しかし、そこで終わらずに「思考」や「概念」を改善していくところまでもっていくようにするのです。このことについては、後に詳述します。

さて、ここまでを一旦まとめます。

教育界に存在する「常識」には、「～～はこうやるものだ」という手法に関する常識（「手法常識」）と、「～～はこういうものだ」という概念に関する常識（「概念常識」）とがあります。

本書では、「手法常識」を見直し改善していくこと、つまり具体的手法を考えていくことや学んでいくことを、「概念常識」を見直して改善していくこと、つまり教育観や概念への捉えを考え、変えていくことよりも低俗だとは捉えません。

むしろ、「概念常識」を変えていくことよりも容易な、「手法常識」を見直していくことを通して、「概念常識」を見直していくことにつなげていく、現場教師が現実的に行える方途を探っていきます。目の前の学級や子ども達の現実的な課題を具体的手法で解決していきながら、その積み重ねを通して、教師自身の教育観や概念をも変革していく、そんな力量形成を目指しています。

まずここでは、「常識」に2種類あること、それらを切り離して改善していくのではなく、同時に改善していこうとしていることをご理解いただければと思います。

具体的な改善の仕方を考えていく前に、もう少し「常識」について考えておく必要があります。「常識」は一体どうやって発生するのか、そして「常識」のよさは何なのかということです。

「常識」はどのように発生し、どこに存在するのか

明文化された「常識」

では、こうした「常識」は一体どのように発生し、今どこに存在するのでしょうか。

一つは、教育書や論文など文献で明文化されているものです。

向山洋一氏や野口芳宏氏、さらに遡れば斎藤喜博氏、東井義雄氏、国分一太郎氏など他にも挙げていけば枚挙に暇がありませんが、日本の教育界に多大な影響を与えてきた方々の著書やお考えがこれに当たります。

これらの先生方の著書は長い間読み継がれ、「常識」として大きな影響を与えています。ありがたいことに、今こうして教育書を執筆させていただいている、私の家の書庫にも『斎藤喜博全集』をはじめ、これらの方々の著書が溢れています。

現在私が、執筆を通して少しでも日本の教育界に提案をさせていただけているとしたら、それは全てが私のみの考えということでは全くなく、このような先生方のお考えや実践にふれ、それを踏まえて提案しているということになります。ですから、私の本を今お読みいただいている先生方にも、間接的に影響を与えていることになるのです。

若い先生の中には、「ここに挙げられたお名前、一人も知らないし、本を一冊も読んだことがない」という先生も多いかもしれませんが、それでも自分が気づかないうちに、これらの方々の論や考えから影響を受けています。

例えば、教育界にいれば誰もが一度は耳にしたことがあるであろう「黄金の三日間」という言葉は向山洋一氏が初めて用いたという話は有名ですし（『教室ツーウェイ』１９９４年４月号、明治図書出版にて）、６年生が呼びかけをする卒業式の形式を作ったのは斎藤喜博氏だということも知る人ぞ知る事実です。

このような古くからの著書に書かれている実践などで伝わる手法や概念は「常識」として、現代の私達の教育実践に多くの影響を与えています。

先述のように、著書を読んだこともなければ、名前すら知らないという場合でも、自分が気づかないうちに、そうした先生方の影響を受けた執筆者による教育書を読んだり、実際の学校現場が影響を受けていたりすることで、ご自身も大きく影響を受けています。

「自分が気づかないうちに……」という点が、本書で焦点を当てている「常識」の定義（「多くの教師が『こうやるものだ』『こういうものだ』と捉えている説」）にぴったり当てはまります。

気づかないからこそ「常識」なのです。

このような「常識」は、著書や論文、講演記録や実践記録として明文化され、それが教育現場で少しずつ形を変えながら、原文を読んでいない世代にも伝承されてきています。

この「常識」は、初めは明文化されていたとしても、先に挙げた「黄金の三日間」や「卒業式」の例と同じように、ほとんどの教師が原典を読んでいなくても、現場で教師から教師へと口承され、少しずつ形を変えていきながら存在しています。

現場で生まれる「常識」

いま一つの「常識」の生まれ方は、明文化されておらず、教育現場で生まれたものです。それが、教師から教師へと伝えられてきています。

私が考えるに、現場に存在する「常識」の多くはこちらの方です。

現在、日本全国の小学校教員は約40万人です。そのうちの、どれくらいが教育書を読んでいるでしょうか。

教育書は1万部売れれば大ヒットとされています。ものすごく売れた本でさえ、約40人に1人が読んでいればいい方という具合の広がりです。

40人に1人ということは、大規模校に1人いればよい方ということです。このように考えると、教育書などの明文化された考えや手法が「常識」のすべてである、と考えるのは無理があることが分かりますね。

それでは、「常識」はどのように生まれているのでしょうか。それは、学校や地域、校内研究、自治体の研究会等によって生まれたと考えるのが妥当でしょう。

私が教師になった年、つまり初任者の年、とにかく分からないことばかりであったのを今でも鮮明に覚えています。

授業の進め方や学級経営の仕方、宿題の出し方など分からないことだらけでした。

そんなとき、私はどうしたかといえば、周りの先輩方に逐一やり方を聞き、その通りにやりました。

　例えば、漢字指導の進め方は、全て指導教員の方の真似をしました。大学と大学院で国語科教育学について学んできた私でしたが、恥ずかしながら漢字指導の進め方についてはほとんど学んだことがなかったのです。

　私が学んできたのは、国語科の「読むこと」の文学指導でした。ですから、文学の指導についてはある程度進め方が分かっているつもりでした（実際は、その文学指導でさえ、今思えば全然形になっていないものでしたが）。

　しかし、それ以外の領域については、ほとんど無知でした。

　一応専門としていた国語科でさえこのような状況でしたので、他教科は言わずもがなです。

　私の場合のことを書きましたが、多くの初任の先生方はこのような状態で教育現場に出ていくのではないでしょうか。

　このような、右も左も分からないという状況で、初任者が頼りにするのは、周りの先生方からの助言と指導書です。

　私が漢字指導で先輩教員の真似をしたのと同様、多くの初任者は周りの先生方にやり方を聞き、それを真似する形で実践していきます。

　それでは、次の年はどのように実践をするのでしょうか。多くの場合、大きくは変えず、昨年度のやり方を踏襲して続けていくはずです。

なぜなら、そのやり方が、周りの多くの先生方が行っているやり方であるからです。つまり、「常識」だからです。

漢字指導や音読指導など、一時間の授業の枠を飛び越えたものや、学級のシステム、係、当番などはこの傾向がより強いでしょう。私が見てきた中では、ほとんどの方がこれらは毎年同じか、マイナーチェンジするくらいでした。

振り返ってみれば、私自身も、掃除当番や給食当番のやり方に関して、初任のときからほとんど変更してきませんでした。

それは、私がそれらに対してさしたるこだわりがなかったからです。

漢字指導や音読指導に関しては、自分の専門が国語科だということもあり、ガラッと変革してきており、その実践は『漢字指導法』や『音読指導法』(ともに明治図書出版)にまとめてきました。

しかし、多くの先生方にとって、漢字指導や音読指導に関して、私が掃除や給食のシステムに対してそうであったように、さしたるこだわりがなかったとすれば、あまりいじらずに前年度を踏襲していくのは、不思議なことではありません。

さて、前年度を踏襲していく、と述べましたが、それを遡るとどこまで行き着くでしょうか。

それは、**初任者時代に周りの先生方に教わったやり方**なのです。つまり、初任校で「常識」とされているやり方だということです。稀に、こだわりのある先生が初任時代の指導教諭だった場合などはその限りではありませんが、多くの場合は、「常識」とされるやり方を教わり、その後もその「常識」を当たり前のように踏襲していくことがほとんどなのです。

こうして、その「常識」は、ほとんどが現場で生まれ、現場に根付くものなのです。

指導書から見る「常識」

また、一時間の授業の進め方や単元の進め方という観点になると、初任者時代に参考にするのは圧倒的に指導書でしょう。

この指導書がどのように作られているかといえば、現場の教師が作っているのです。私自身、指導書や教科書の作成に関わっていますが、指導書は斬新な指導案が求められるのではなく、教科書の学習の手引きを用いて、全国どの教室でも実践可能な堅実な指導案が求められ、そのように依頼された現場の教師が書いています。

基本的に、その教科を研究し続けている現場教師が指導書を書きますから、この場合もそのときの学習指導要領を押さえつつ、その時代の「常識」とされているような指導の流れで書かれることがほとんどです。

若手教師が、さも「正解」のように扱う指導書ですが、結局はどこかの現場教師が書いています。

「常識」の生まれ方

	明文化され、広まる「常識」	現場で生まれる「常識」
定義	教育書や論文などで明文化されている	明文化されず、口承されている
具体例	・「黄金の三日間」（向山洋一氏） ・呼びかけを行う卒業式（斎藤喜博氏）	・漢字練習はノートに縦で書く ・当番の仕事は1人につき1つ
特徴	①長い間読み継がれ、「常識」として大きな影響を与える ②原典を読んでいない人も、気がつかないうちに影響されている	①現場に存在する「常識」のほとんどが現場で生まれ、口承されているもの ②周りの先生から教わり、周囲も同じ実践をしている状況のため、自覚しにくい

明文化されている、されていないにかかわらず、「常識」は口承されていきます。このように考えると、実は「常識」とは非常に「ぼんやり」とした形で存在していることが分かります。

もちろんしっかりとその教科を研究している教師が書いているのですが、自由な発想で書くのではなく、「常識」の枠から抜け出すようなものではありません。指導書だって「常識」に大きく影響を受けているのです。

例えば、国語の「読むこと」の単元では、今でも指導書では「初めて読んで感想を書く→詳しく読んでいく→感想を改めてまとめる」という単元の流れが示されるのがほとんどです。

これは、「三読法」といい、「通読→精読→味読」という学習の流れを示した、いわば国語科の「常識」です。この「三読法」の理論的背景を示した書籍は、垣内松三（1922）、石山脩平

（1935）と言われています。

つまり、今から約100年前の論が、「常識」として扱われ、現代の指導書にも影響を及ぼしているというわけです。

指導書を執筆している多くの教師も、恐らくこれらの原典を読まずに、明文化されずに連綿と口承されてきた「常識」によって指導書を書いているでしょう。


このように、「常識」の生まれ方には教育書や論文など明文化されたものと現場発のものがあり、発生の仕方に違いはあるにせよ、それが現場に根付き、口承されていくという点は共通していると言えます。

また、「常識」の多くは現場で発生するということは注目すべき点です。それは、決して明文化されているわけではないので、ある意味「ぼんやり」と存在しています。現場教師の中で、研究者が書いた論文や書籍に目を通している人はごくわずかでしょうし（あくまでも私の体感ではありますが恐らく的を射ているでしょう）、1983年から始まった「教育技術の法則化運動」以降、細かい手法に関しても文章で伝えられることが圧倒的に増えてはいますが、それでもそうした教育書を読む教師はごく一部です。

その他大多数の教師は、そうした明文化された「常識」ではなく、現場で発生し現場で口承されている、「ぼんやり」とではあるけれど「確実に」存在している「常識」に大きな影響を受けているのです。

「常識」のよさと危険性

さて、「常識」の性質の分析の最後は、そのよさと危険性について考察したいと思います。まず、大前提としたいのは、「常識＝悪」ではないということです。むしろ、「常識」には大きな長所があるからこそ、「常識」になっています。

「常識」のよさを理解する

それでは、「常識」のよさとは何なのでしょうか。もちろん、個々の具体的な「常識」による、それぞれのよさもあり、それを考えていくことは重要なのですが、それは第3章で一つ一つ詳しく述べることとして、ここでは、「常識」の一般的なよさについて考えていきたいと思います。また、「概念常識」のよさとなるとやや話が複雑になるので、「手法常識」に焦点を絞って考えていきたいと思います。

私は、「常識」には2つのよさがあると考えています。

① 一定の効果がある

「常識」には一定の効果があるということを、「常識」を乗り越えようとする場合、絶対に頭に入れておかなくてはなりません。

よく、若手のやる気のある方で、「教育を変える！」と意気込んで、丸っきり「常識」を捨て去り、全て独自の方法でやろうとする方がいます。

そういう方は、「常識」のよさが分かっていません。

既に一定の効果があるのに、それを全て捨てるということは、その一定の効果を捨て、もしかしたら成果が「常識」よりも低くなるかもしれないということなのです。

それでは、子ども達を巻き込んで一か八かのギャンブルに出ているようなものです。そうではなくて、やはり「常識」のよさを認めるところは認めてから、それを乗り越えようとすべきです。

「常識」は一定の効果が出るからこそ、教育現場で「常識」になっているのです。

「一定の効果がある」とは、どの程度でしょうか。それは、平均的な子達に対して、平均的な成果が出るということです。

つまり、「全ての子」に対して有効なわけではありませんし、「平均を上回るような」成果が出るわけでもないのです。

② 持続可能だということ

教師から見ても、指導がしやすく毎年無理なく続けていける方法だからこそ、「常識」へと定着しています。

子ども達から見ても、多くの子が安定して、毎年取り組めるからこそ、「常識」になっています。

このように、「常識」（主に「手法常識」）のよさは、一定の効果があることと持続可能だということだと私は考えています。

「常識」を乗り越えようとするとき、これらのよさはしっかり押さえておかなくてはいけません。そうでなければ、教師の自己満足に陥り、「常識」をそのまま踏襲しておいた方がまだよかった、という最悪の状態に陥る危険があるのです。

表裏一体の危険性

一方、「常識」の危険性も、この長所と表裏一体で存在しています。

① 「一定の成果しか出ない」ということ

「常識」では「一定」の成果が出ると先に述べました。

しかし、その「一定」の成果が出るのは、平均的な学力の子達であり、全員ではありません。また、そもそもその平均的な学力の子達に出せる「一定」の成果が、実は低いものだったとしたら……。

「常識」は「常識」であることの弊害しか存在しなくなってしまいます。

例えば、ベネッセ教育研究所（2013）によれば、前年度に学習した漢字の正答率が全国平均で59％だったそうです。ちなみに、なぜ前年度に学習した漢字を調査しているかというと、学習指導要領で前年度に学習した漢字を書けるように、という旨の記載があるからです。

この結果は、抜き打ちで前年度に学習した漢字テストをすると59点、ということです。前述の「常識」が全国の学校で行われているとすれば、「常識」によって、このくらいの成果が出ているということです。

この点数、私は「妥当」であると考えます。

多くのクラスでは、漢字50問テストや小テストは前もって問題を見せて練習させる「予告アリ」で行っています。

しかし、このベネッセの調査では無作為に前年度学習した漢字を出題して書けるかどうかを確かめている、つまり「抜き打ち」でテストしているということです。

全国の学校でこの形式でテストを行えば、恐らく平均点は59点に近くなるのではないかと思います。

これを「高い」とみるか「低い」とみるかは先生方によって解釈が分かれるでしょうが、先述のように学習指導要領では、「今年度学習した漢字は読めるように、昨年度学習した漢字は書けるように」という旨の記載があるので、59%という数字は「低い」とみるのが正しいでしょう。

このように、「常識」を踏襲していくだけでは、文字通り「一定」の成果しか生まれず、どうしてもそれでは成果が出せない子が存在するのです。しかも、その「一定」の成果すら実は求められるものに到底及んでいないこともあるのです。

② 教師の思考停止を招く

例えば、漢字ドリルと練習ノートを一定のペースで進める方法を漢字指導システムの「常識」だとしましょう。現に私も、初任者時代にこのやり方を周りの先生方に教わりました。今でも多くの学校で採用されている方法であり、「常識」（「手法常識」）と言えるでしょう。

このやり方は、教師にとっても子どもにとっても、「今日の宿題は○と○の漢字をノートに決められたやり方でやってくること。明日は次の二文字、明後日はその次の二文字……」などと分かりやすく、見通しが立ちやすく、持続可能だと言えるでしょう。

教師にとっては、抜群に管理がしやすく、こうやって学年の配当漢字を全て子ども達に練習ノートに書かせさえすれば、「指導した」という証拠をつくりやすくなっています。しかも、さしたる労力も必要としません。子ども達に家でやらせてきて、あとはドリルとノートをチェックするだけです。

つまり、教師にとって管理がしやすく、持続可能でもあるのです。

一方、子どもにとっても、力がつくかどうかは一旦置いておけば、「取り組みやすい」ものであることには間違いありません。

決められた文字を、決められたやり方で、決められた回数ノートに書いてくればよいだけです。子ども達は、すぐにやり方を理解でき、毎日容易に取り組むことができます。

つまり、子どもにとっても取り組みやすく、持続可能です。

このように、この「(手法)常識」は、教師にとって管理がしやすく、子どもも取り組みやすいのですが、決定的な欠点があります。

それは、先述のように「一定の」成果しか出ないことです。

この手法では、一部の子ども達にしか漢字が定着しませんし、多くの子はあまり意欲的に取り組みません。

もちろん、「常識」なので「一定の」成果は出ます。

一部の子は意欲的に取り組みますし、その結果、漢字がしっかり身に付きます。

しかしながら、この「常識」が定着した日本全国の漢字習得率は、先に述べたように59％です。これくらいの成果しか出ないのは紛れもない事実なのです。

「常識」のよさと危険性

よさ	危険性
① **一定の効果がある** 一定の効果があるからこそ、「常識」として広まっている	① **一定の成果しか出ない** ・出ている成果が本当に十分なものか分からない ・「常識」が合っていない子に目を向けにくい
② **持続可能である** 管理しやすく、無理なく続けられる方法が多い	② **教師の思考停止を招く** 管理しやすく持続可能なため、変化を求めず、「常識」に頼りきりになってしまう

「常識」のよさと危険性は、実は表裏一体。よさと危険性の両方を認識することで、「常識」を適切に乗り越えることができる。

この問題の根本にあるのは、教師が子ども達の実際の姿に目を向けず、「この方法でやっておけばよい」と「常識」に頼って思考停止していることにあるのです。

「常識」に頼り切りになると、その「常識」では成果が本当は出ていなくとも、「みんなこれでやっているし」と言い訳をつくり、思考停止してしまいます。本当は抜き打ちで書けなくては意味がないのに、テスト問題を予告して50問テストを行って高得点を子どもに取らせて、ごまかすようになります。

こんな状況は「常識」を崩さないために、子どもの事実を曲げているようなものです。

少し大げさな表現をしてしまいましたが、大なり小なり、このような現象は教育現場で多く起こっているのではないでしょうか。

教師が「常識」に頼り切って思考停止すると、子ども思考停止します。

「漢字の勉強は先生が言っている通りに、ノートのマスを埋めればいいんだ」となり、思考停止してその作業を繰り返すようになります。

本当は指導される側ですから、多少思考停止していても、指導者の指導をしっかり受け止めていれば力がつく、という状況になるとよいのですが、「常識」では「一定」の成果しか出ないことがほとんどです。

しかも、現在の学習指導要領では「自己の学習を調整する」力が求められています。学習者である子ども達も、思考停止していてはいけないのです。

子ども達を思考停止させないためにも、指導者である私達教師が思考停止してはいけません。常に「もっとよいやり方はないか」「そもそもこの捉え方で合っているのか」と「常識」を疑っていく姿勢を保つ必要があるのです。

この節では、「常識」のよさと危険性について考えてきました。

「常識」によさがあることはしっかり認めた上で、その危険性を十分考慮しながら、適切に乗り越えていくことが重要です。

次節からは、「常識」の適切な疑い方、乗り越え方を考えていきましょう。

「常識」を疑う第一歩

「常識」を疑い、実践を改善し、乗り越えていく上で最も重要なのは、**自分の実践が「常識」に影響されている、あるいは「常識」そのものであることに気づくこと**です。

これまで述べてきているように、「常識」は教師の自覚なく、その実践に大きな影響を与えています。

ですから、教師はまず自分の実践が「常識」によるものであるということに気づくことから始めていかなくてはいけません。

これは、意外と難しいことです。

なぜなら、周りを見渡せば他の教師も当然のようにやっていることであり、場合によっては、自分が子どもの頃に受けた教育でもある場合が多いからです。

先ほどから具体例として挙げている漢字学習の進め方などは、私が初任のときに先輩の先生に教えていただいたものであると同時に、実は私が小学生時代に受けてきた漢字指導と何ら変わったものではありませんでした。

学校で漢字ドリルを用いて新出漢字を学習し、それを決められた方法で家で練習ノートに練習して来る……。それを全ての新出漢字で繰り返すという方法は、私が小学生で丸っきり行っていましたし、実はそれよりももっと前から現場に根づいている「常識」中の「常識」だったのです。

それでも、この方法で子ども達にしっかり漢字が定着するのであれば、力がついているのであれば、全く問題ではないのですが、やはり万能な手法などなく、「一定」の成果しか上がらないのです。この方法では、子ども達はこなしはしますが、意欲的に取り組んでいたかと言えばそうではありませんでした。また、あるとき抜き打ちでテストをしてみたら、予告アリ小テストで満点連発の子ですら、全然書けなかったことを強烈に覚えています。そのとき、私はやっと「あぁ、自分が受けてきた漢字指導が、現在でも行われていて、なじみのある方法であったたし、やっぱり効果が高いから引き継がれてきているのだと思っていたけれど、これでは子ども達はある程度しか書けるようにならないんだな……」と気づいたのでした。

このときになって、私は自分の実践が「常識」をそのまま実践しているに過ぎないということを自覚したのでした。

それから、漢字指導の改善に着手し始め、最終的には子ども達は抜き打ち50問テスト（初見問題、予告なし）でも満点を連発したり、日記や作文でも漢字を使いこなせたりするようになっていきました。

このことからも分かるように、教師はまず「常識」に縛られていることに気づかなくてはならないのです。

そこから全てが始まっていきます。このことについて、次節でもう少し詳しく述べましょう。

「常識」に気づき自覚するために

「常識」に気づくこと、それは、「常識」を疑い乗り越えていく上で最重要であり、最難関でもあります。いわば、「肝」となるところです。

それでは、どのようなことを意識すれば、「常識」に気づき、自覚することができるのでしょうか。

これは、私の経験上「これしかない」という唯一の解はなく、いくつか重要なポイントがあります。それらのうちのどれかが単独で作用して「常識」に気づけることもあれば、いくつか絡み合って「常識」に気づく場合もあります。

ですから、ここではそのポイントを列挙していこうと思います。

---

① 子どもの様子をよく見て、本当に成果が出ているのかを確かめる
② 何のためにやっているのか、立ち止まって考えてみる
③ 書籍・理論に学ぶ

---

① 子どもの様子をよく見て、本当に成果が出ているのかを確かめる

これは、先述の漢字抜き打ちテストで「常識」に気づいたことと同じです。「常識」に縛られていると、子どもの様子をあまり見なくなっていきます。なぜなら、その実践をするのが当たり前になっていて、子どもの反応がよかろうが悪かろうが、関係なくなっているからです。

子どもがどう取り組んでいてもお構いなしに、その実践をするのが「常識」であり、当たり前だから行っているという状態になっているのです。

やはり、我々の仕事は、子どもの姿に合わせて指導することが最優先です。「常識」をこなすのが仕事ではないのです。このことを肝に銘じておき、「子どもの姿ファースト」でいくと、やがて自分が「常識」に縛られていることに気づくでしょう。

では、どのように子どもを見ればよいのでしょうか。私は、大きく分けると二つだと考えています。

一つは、意欲です。

「よい指導」「よい授業」とは何かという問題は意外と難しく、教師一人一人によって考えは大きく違うと思います。ですが、一つ必ず共通しているものを挙げるとすれば、それは子ども達のやる気が高まっていることです。これだけは必ず共通していると言えます。

逆に言うと、子ども達の意欲が高まらない、やる気が見えない、という指導はよくない指導と言えそうです。その背景には「常識」があるかもしれません。

先述のように、「常識」は安定していて持続可能なことが多いのですが、子ども達の多くがやる気を出すような成果は出ないことが多いのです。むしろ、そのような成果が出るのであれば、本書で扱う「常識」ではなく、唯一の「正解」になります。

もちろん、「常識」通りやって子どもの意欲が高まり、やる気に満ち溢れているような姿が見られるのであれば、それはよいのですが、私の経験上、そのような「常識」はほとんどありません。そのような成果が出ないからこそ、本書で「常識」を問題視しているのです。

「子ども達のやる気（意欲）は高まっているか」という観点は、我々教師は必ずもち続けたい観点です。

二つは、子ども達の取り組みの成果です。

学習ならテストの結果や単元の最後に書かせた成果物など、掃除であれば実際にどれくらいゴミを集めてきたかやどれくらいきれいになっているかということです。

子ども達が頑張って取り組んでいるのになかなか成果が出ていない、教師も一生懸命指導しているのになかなか成果が出ない、そういう場合は「常識」が存在しているかもしれません。

たとえ、子ども達が意欲的に取り組んでいるように見えても、市販テストレベルの問題ができないようでは、子ども達に力がついているとは言い難いと思います。

また、意欲的に話し合っていたとしても、実際に考えを書かせてみたら全然書けないというのでは、本当の意味で考えが深まっていたとは言い切れません。

つまり、意欲が高くても、その意欲の向け先である学習活動や学習の対象がよくない場合もあるということです。教師が「常識」に縛られてしまっていると、往々にしてこういうことは起こり得ます。

例えば、教師が「漢字は予告アリテストで書ければよい」という「常識」に縛られていると、それに向けた指導（テスト問題を事前に配布する、予告する）しか行いません。

そうすると、子どもは当然、抜き打ちテストでも書けたり、日記や作文で書けたりするようにはなかなかなりません。意欲的に教師から課せられた学習に取り組んだとしても、です。それは、指導者側である教師が「予告アリテストで書ければよい」という「常識」に縛られているからです。このような場合、子ども達に抜き打ちでテストさせたり、日記や作文で漢字を使っているかを分析したりすることで、つまり子どもの取り組みの成果を冷静に見つめ直すことで、教師が「常識」に縛られていたことに気づくことができるのです。

このように、子ども達の意欲や成果を冷静に見ていくことで、実は自分の実践が「常識」に縛られていることに気づくことができるでしょう。

② 何のためにやっているのか、立ち止まって考えてみる

たとえ現場の誰もが「常識」として行っていること、考えていることであっても、実はあまり効果がなかったり、目の前の子ども達には有効ではなかったりすることが多くあります。

教師が思考停止し、「みんなもやっているし」と流してしまっていては、いつまでも「常識」だということに気づくことができません。

そんなとき、**「そもそもこれは何のためにやっているのか」と立ち止まり、もう一度「何のため」という「目的」を見つめ直してみる**と、自分が「常識」に縛られていたのだと気づくことができます。

子ども達に、漢字ノートに文字を書かせて練習させるのは、もちろん子ども達が漢字を書けるようにすることが目的です。

しかし、現場の忙しさから「常識」によって教師が思考停止してしまうと、「漢字練習ノートに字を埋めさせて提出させる」のが目的化してしまうことがあります。

子ども達にその練習方法（「常識」）でしっかり定着しているかどうかを確かめず、とにかく「漢字練習ノートを字で埋めて提出させる」ことだけを教師が求めるようになってしまうということです。

つまり、漢字練習ノートに字を埋めさせるという、本来手段であるべきものが目的化してしまっているのです。

一旦目的化してしまうと、それを疑うことをしなくなってしまいます。こうなると、「常識」に縛られていることに気づく、つまり「漢字ノートに字を埋めさせることが、本当に漢字の定着に繋がっているのだろうか」と常識を見直すことなどできなくなってしまうのです。

ですから、そのような状況に陥らないためにも、「そもそもこれは何のためにやっているのだっけ」と立ち止まり考えてみるようにしましょう。

そうすると、実は「常識」に縛られていたということに気づけるかもしれません。

とはいえ、多忙を極める教育現場です。

すべての物事に対して「これは何のためか」と立ち止まっている時間は到底ないでしょう。

しかし、時間や余裕がないからといって全ての「常識」を受け流していては、いつまで経っても自分が「常識」に縛られた実践をしていたのだということに気づけず、実践を改善していくことはできません。

だからこそ、**小学校教師であっても、「専門」をもつべき**なのです。

すべての教科・領域において「これは何のためか」と立ち止まることはできません。

しかし、自分が決めた「この教科は！」という専門教科やこだわりをもつことで、「先輩から教えられて、周りもやっていたから自分も何となくやってきたけれど、そもそもこれって何のためにやっているのだろう」と立ち止まって考えることができるようになっていきます。

専門をもつというのは、「そもそも何のためにやっていたのか」と考えるための切り口や観点をもつということなのです。また、「この教科は、踏襲主義でやりたくないな」という気概をもつことでもあります。

だからこそ、私は、小学校教師も早いうちから専門教科をもつべきだと考えています。

学生のときは苦手だったとか、専攻していないなど、言い訳は考えればいくらでも出てきます。

しかし、まずは「決める」ことが大切です。

「常識」に流されず、立ち止まって自分の頭で考えて実践を創っていく！　そういう気概さえあれば、最初は十分です。

その後研究会などに所属し、先輩や書籍などから学んでいけば結果は後からついてきます。

こうして一つの教科で「何のためにやっているのか」と立ち止まり、考える癖がつけば、それは他教科や他領域の実践にも必ず波及していきます。

多忙な中でも、「何のため」を問える、そんな環境をつくりだしていけるのが「専門」をもつということなのです。

本書では、私自身が国語科を専門として、「常識」を疑いつつ実践を改善していった様子が第3章でまとめられています。

私自身、小学生のときから国語の授業が大好きであったわけではありませんし、得意だったわけでもありません。むしろ、よく分からないことをしているなと冷めた印象をもっているくらいでした。

国語を専門としたきっかけは、大学で恩師・石丸憲一先生に出会い、模擬授業を受けたり、ご実践のお話を伺ったりする中で、「国語授業って面白い！」と思えたことでした。

専門知識が豊富であったとか、大学時代から研究熱心だったとか、そういうかっこいい背景は一つもないのです。

それでも、石丸先生に出会ってからは、「国語を自分の専門としよう」と決め、行動することはしてきました。

その具体的な国語科指導改善の様子は第3章でまとめますのでお楽しみにしてください（ここに挙げた、手段が目的になってしまう状況は「手段の目的化」と呼び、拙著『教師のＮＧ思考』（東洋館出版社）にて詳しく考察しています。ご興味のある方はそちらもご参照ください）。

③　書籍・理論に学ぶ

最後に、書籍や理論を学ぶことからも「常識」の存在に気づくことができます。

ここでも、漢字指導の例を挙げたいと思います。

子ども達の様子を見ていて、漢字指導における「常識」的な指導では子ども達に力がつきにくいと感じた私は、さらに細かく分析していきました。

先述の「予告アリテストで書けるように」という「常識」から「抜き打ちテストで書けるように」という指導に変えていったのは、どちらかというとクラスの中でも漢字が得意～普通の子達をさらに上のレベルに引き上げるための指導改善でした。

一方、漢字が苦手な子達への指導改善も当然ながら必要でした。「常識」的な指導では、この子達は予告アリテストではあまり書けず、抜き打ちテストではお手上げ状態でした。

こうして考えてみると、「常識」的な指導は漢字が得意～普通の子達のレベルを低く留め、それでいて苦手な子達は置いてきぼりだったのだなぁと改めて気づかされました。

つまり、教室の中でフィットしている子が少ないのです。

こうなってくると「常識」として、なぜ根付いているのかすら怪しくなってきます。

おそらく、教師の「管理のしやすさ」「指導のしやすさ」という側面のみで、支持されてきたのだと思います。

話が逸れましたが、このような経緯で、私は漢字が苦手な子達へのアプローチを始めたのです。

その様子をよく観察していると、漢字を書くことはおろか、読むことすらできていないことが分かりました。

読めない漢字を書くことを求めていたのだと、猛省しつつ、私は子ども達の漢字の読みの力をつけるための方法を考えました。

その過程で「読み書き分離」という考えに出会いました。

読める漢字の量と書ける漢字の量は違い、当然前者の方が多い。だから読みの学習と書きの学習は分離すべきという考えです。

つまり、読みは先に定着させていき、その後で書きを定着させていく方が効率がよいということです。

考えてみると至極当然のことです。

ですが、今の日本の漢字指導では、特に漢字が苦手な子達にとっては「読み書き同時指導」になっています。

新出漢字を学習する際、多くの場合、漢字ドリルが使われます。

そこで、読み、筆順、部首、使い方などを一通り指導し、あとは家で練習ノートに練習する方法が「常識」的だと思います。

場合によっては、学校ではほとんど新出漢字の指導はせず、全て宿題という場合もあるかもしれません。つまり、家でドリルもノートもやってこさせるということです（恥ずかしながら、初任者時代の私はこの方法でした）。

漢字が得意〜普通の子達は、漢字ドリルで学習する頃には、大抵の場合読めたり、子どもによっては書けたりしている状態ですから、「読み書き同時」に学習してもそこまで問題ありません。もう「読む」という段階はクリアしているからです。

しかし、漢字が苦手な子達は、そうではありません。

こういう子達は、普段から読書など活字にふれる機会を多くもつような子達ではないことがほとんどですから、最初から新出漢字の読みを知っていることは少なく、大抵読めません。むしろ、初めて見た漢字であることがほとんどです。

そうなると、その子達にとっては、「読み書き同時」に学習することになります。

こういったことが分かってくると、「常識」のまずさが認識でき、指導改善の方針が見えてきます。その詳しい様子は第3章で述べるとして、ここでは、私が「読み書き分離」の実践理論を学んだことから、「読み書き同時」という隠された「常識」に気づくことができたことを強調しておきたいのです。

さて、この「読み書き分離」の考えですが、なんと今から100年以上前の諸見里朝賢・奥野庄太郎（1921）『読み方教授の革新―特に漢字教授の実験』（大日本文華出版部）にはもうその萌芽が見られます。

こんなに前から主張されている考えであり、学習指導要領にも引き継がれている考え方（当該学年の漢字は読めるように、次年度までに書けるようにという旨の記述など）なのですが、実際は現場の多忙さや教師の管理のしやすさなど様々な要因から、「読み書き同時」指導が現実的には隠された「常識」となってしまっているのです。

このように、書籍や理論に学ぶことで、現場にはびこる「常識」に気づくことができるのです。

教育界は、理論と実践とが乖離している世界です。

理論研究が実践の場ではほとんど生かされていません。その逆もまた然りなのかもしれませんが。

現場で教科の研究をしているという方と話してみても、その教科研究の第一人者的な研究者のお名前すら知らない方が少なからずいらっしゃいます。

現場での「研究」と大学での「研究」とが乖離している状態は私の所属する全国大学国語教育学会でも繰り返し指摘されてきていることです（第141回全国大学国語教育学会世田谷大会課題研究「国語科実践研究は何をどのような枠組みで語るべきなのか」など）。

もちろん、これは現場の教師だけの責任ではありません。

実践者と研究者とが歩み寄り、協同的に研究を深めていく姿勢をもつことが重要です。

我々実践者は、目の前の子ども達に学ぶのを第一としながら、理論を学び、それを現場で生かしていくようにすることが大切なのではないでしょうか。

その具体的方法の一つが、理論を学び、それを現場の「常識」に気づき、それを乗り越えていこうとすることに生かすことなのです。

一旦、冷静に「常識」のよさを見つめ直す

「常識」を全て捨ててはいけない

「常識」を疑い、実践を改善していく中で最も難しく、最も重要なのは、前項で詳述した「常識に気づくこと」です。

気づくことができれば、対処することが可能になるからです。

しかし、「可能になる」というだけであり、それを放っておいては何も改善していきません。

その後、「常識」を適切に乗り越えていくことで、よい実践を創れ、教師としての力量が高まっていきます。

「常識」に気づくことができたとき、気をつけなければいけないのが、「なんだ、この方法（考え方）は丸っきりだめじゃないか」と全てを捨てようとすることです。

先述のように、「常識」にはそれが「常識」になってきた理由、よさがあります。そのことを忘れて「常識」を全て捨て去って独自の実践ばかりしていると、子ども達には力がつかない、現場では同僚から「あの人は変わったことばかりをやっているけれど、あまり結果も出ていないなぁ」と信頼されないなど、よりうまくいかなくなる可能性も大いにあります。

ですから、一旦冷静になって、その「常識」のよさにも目を向けてみるようにしましょう。

そうすることで、「常識」を適切に乗り越えていくことができるようになります。

また、「常識」のよさを冷静に見つめ直す際は、教師の側からと、子どもの側から、両方から見つめ直すようにしましょう。

教師の側からだけだと、どうしても「常識」の特色である「持続可能」「指導しやすい」「管理しやすい」というところが目立ちます。そうすると、それをわざわざ変えて、煩雑になることは避けようとする教師の心理が働きやすくなってしまいます。

やはり、「常識」を見つめ直すのは子ども達のためです。

子ども達にとって「常識」にはどんなよさがあったのか、そしてそれをどのように今後も生かし続けるかを考えましょう。

私が漢字指導を改善した場合は、「漢字ドリルを使う」「漢字練習ノートを使う」「市販の漢字テストを使う」ということには、子ども達が「取り組みやすい」「見通しがもちやすい」という点でやはりよさであると思いました。

問題は、その「取り組ませ方」だと判断し、そこを改善していくべきだと考えたというわけです。

「概念常識」にはよさはない

ちなみに、よさがほとんどない「常識」ももちろんあります。

私が考えるに、「手法常識」には問題点もあればよさもあります。逆に、「常識」を乗り越えたとしても、その手法はよさがあるけれど問題点も必ず残ります。完璧な手法に行き着くことなどあり得ません。どんな教育手法にも絶対的な正解がないというのはそういうわけです。

ですから、「手法常識」について考える際は、重々そのよさについても考えていく必要があります。

一方「概念常識」には、問題点しかない、つまりよさがほとんどない場合もあります。

例えば、「音読は家でやらせればよい」というような「概念常識」をもっていると、教師は音読指導をほとんどしなくなります。音読カードを渡して、「家でやっておいてね」と指示するだけになります。つまり、「音読カードを渡して家でやらせる」という「手法常識」を生み出すわけです。それに伴い、子ども達も音読に対して全くやる気をもたなくなります。この「常識」には、よさなどほとんどないのです。

この「概念常識」は、よいところがほとんどないどころか、間違った「手法常識」すら生み出すことになってしまっています。

しかし、「概念常識」をいきなり疑うのは難しいことです。概念なので、ぼんやりと存在するもので目に見えないからです。また、「概念常識」を疑ってみたところで、「じゃあ具体的にどうすればいいの？」という具体的な手法の問題からは離れられません。現場は「具体」の連続で成り立っているからです。ですから、私は、まずは「手法常識」から乗り越えていき、その集積で「概念常識」につなげていくのがよいと考えています。このことは次章で詳述します。

第2章

「常識」を分析し、改善せよ

2

実践を改善することと、研究をすること

ここまでは「常識」を疑うための方法について述べてきました。そもそも「常識」とはどのようなものであるかを整理し、自覚しにくい「常識」に気づくためのポイントを押さえてきました。

ここからは、いよいよ「常識」の乗り越え方について述べていきます。

その前に、少し話が逸れるように感じるかもしれませんが、本書で主張している「常識」を疑い乗り越えていくことと、いわゆる「研究」との関係性について考えておきたいと思います。「研究」との違いを考えることで、現場教師が「常識」を乗り越えることの意味がより伝わりやすくなるはずです。

現場教師にとって価値のある改善とは何か

さて、一般的に「研究」というと、先行研究を丁寧に検討し、その中で「これは今まで研究されていない」という形で研究をスタートさせることが多いでしょう。

教育実践を対象とした実践研究論文でも同様であり、基本的に学会で査読論文として掲載されるような論文は、先行研究や先行実践を読み込み、それらでは検討されていないことを研究のスタート地点に置いています。つまり、書籍や論文の世界の中から研究のスタートが示されるのです。

しかし、教育現場で毎日授業している教師たちには、先行研究や先行実践を丁寧に全て検討し、「これが今までに研究されていない」というのを見つけ、そこから実践をスタートさせるのは現実的ではないと思います（もちろん、やれるに越したことはありませんが、現場に身を置く者として、「現実的ではない」とは思います）。

しかも、それができたところで「今までなされていない実践ができた」ということが、現場教師にどんな意味があるのでしょうか。

もちろん研究は重要です。しかし、現場教師のほとんどは、研究を最優先に毎日教壇に立っているわけではありません。目の前の子ども達が最重要なのです。

現場教師は、研究的に価値があることに主眼を置いているわけではないのです。もちろん、それができればうれしいですが、本当に希望することは目の前の子ども達にとって価値のあることがしたい、ということなのです。

一方、「常識」を疑い乗り越えていくことはどうでしょうか。

「常識」を乗り越えていく場合、ほとんどが目の前の子ども達の実態や自分が勤める教育現場の実態からスタートします。「今まで周りがこのやり方をやっているから自分もこの方法をやっていたけれど、子ども達がイマイチやる気にならない。やり方を変えてみようか……」とか「そもそもこれを何のためにやっているのかを見直してみたら、単に前年度を踏襲しているだけだと気づいた。少し改善してみよう……」といった具合に、目の前の子ども達や教育現場の実態ありきで、指導改善がスタートしていくのです。

こうして、行った指導改善、新たに見出した指導手法、指導概念が、書籍や論文化されている先行研究や先行実践では「やられていない」ものであり、「研究」的にも価値のあるものであれば、それはそれで素晴らしいことです。先行実践や先行研究の中に、その実践を位置づけて、実践研究論文化すれば、日本の教育界にとって有用な実践論文になるでしょう。

しかし、私が考えるに、たとえ「研究」的に価値がなかったとしても、教師が自分の身の回りにはびこる「常識」に気づき、それを適切に乗り越えようと取り組んだとしたら、それは目の前の子ども達や勤務する学校や地域、そして、その教師自身にとって大きく意義のあることです。

そのようにして生み出された実践は、今その教師がその学校でできる実践であり、なおかつそれまでの問題点を克服しようとした、目の前の子ども達にフィットした実践です。たとえ、それが既に日本のどこかでやられているからといって、その価値は全く揺らぎません。

教師にとっても、目の前の子ども達の実態ありきで、それを解決するために「常識」を疑っていくことは力量形成に大きくつながります。論文等を読みあさり、先行実践の足りないところを見つけるのももちろん大切なことですが、現場でやっていくには、目の前の子ども達の実態をよく見て、分析できる力の方がより大切です。ですから、目の前の実態ありきで、実践改善をスタートすべきなのです。

教育実践は、「まだやられていない」から価値があるのではなく、「その学校、目の前の子ども達、教師自身にフィットしている」からこそ価値があるのです。

このような、フィットした教育実践を生み出すのは、現場教師にしかできません。そういう気概をもって取り組めるのが、「常識」を疑い、実践を改善していくことなのです。

目の前の子ども達、学級、学校の実態ありきで、現実問題を克服していく……。現場教師にとって、これ以上に大切な「研究」はありません。

「常識」の問題点を整理し、改善の方向性を定める

「常識」の乗り越え方の話に戻ります。

「常識」に気づき、一旦冷静に「常識」のよさを把握したら、いよいよ「常識」の問題点を整理します。

「常識に気づき自覚するために」の節で示した3つのポイントで、ある程度は問題点が見出されていると思います。

ここでは、それを改めて整理し、実践改善の方向性を定めるようにします。

「常識」の問題点は多岐にわたります。

「常識」の一般的な問題点については、先述のように「一定の効果しかない」「教師の思考停止を招く」ことなのですが、個々の「常識」の問題点については、さらにその大本を具体的に考えていく必要があります。

例えば、漢字指導の「50問テストや小テストでは、予告した問題で行う」という「常識」について考えるときに、「一定の効果しかない」という問題点をさらに具体的に考え、「子ども達に漢字力がつかない」と問題点を分析したとします。これでもまだまだ粗い分析ですが、「力がつかない」から「漢字力がつかない」と、少し具体的になっています。

ここからさらに思考を進めて、そもそも子ども達につけさせたい「漢字力とは何なのか」などを考えていくと、「常識」の問題点が明確になっていきます。

自分の頭の中だけで考えるのが厳しい場合もあります。そういう場合は、先述のように書籍や理論の力を借りるとよいです。

ここでは、私は千々岩弘一（２０１５）の「漢字力には、読字力、書字力、運用力の三要素がある」という旨の論考を参考にしました。

確かに、言われてみれば当たり前なのですが、漢字を読めて、書けて、使いこなせてこそ、漢字の力が高いと言えるでしょう。

このような観点をもって「50問テストや小テストでは予告した問題で行う」という「常識」を今

一度見直してみましょう。

すると、読字力、書字力を高めることばかりが重視されていて、運用力を高めることがほとんど視野に入っていないことが見えてきます。

子ども達は、予告された問題の用法で漢字が書けさえすれば満点がとれるのですから、わざわざ他の使い方を知ったり、使ってみたりするということはあまりしないでしょう。

つまり、先の「常識」の問題点は「漢字運用力が高まらない」なのではないかというところに行き着いたのです。

ここまで思考が行き着けば、「読字力、書字力だけでなく、運用力も高まるように」という指導改善の方向性が定まっていきます。

このように、「常識」の問題点は、具体的に大本までたどり着くように考察していきます。そうすれば、指導改善の方向性は自ずと、なおかつ具体的に定まっていくのです。

「常識」のよさは生かしつつ、問題点を克服していく

ここまでを踏まえて、実践の改善を実際に行っていきます。

「予告アリ漢字テスト」では子ども達の漢字運用力が伸びないと判断した私は、「抜き打ちテスト」を行うように実践を変えていきました。

抜き打ちで行うということは、これまでのように問題を見せて練習させることなく、初見問題で漢字を書ける子達に育てていかなくてはいけないということです。

そのためには、読字力や書字力のみならず、運用力を育てなくてはなりません。漢字テストの手法を変えることで、漢字指導の他の要素も大きく改善しなくてはならないのです。例えば、漢字練習ノートに練習させる際も、ただ決められた方式で何度も何度も書かせるのではなく、多くの語彙にふれながら練習させるようにしていかなくては運用力は高まりません。漢字ドリルに取り組ませる際も、筆順や字形だけでなく使い方の欄まで、よく見て学ぶように仕向けなくてはなりません。

それまでの私なら、そんなことは微塵も考えていませんでした。とにかくドリルもノートも進めさせて、小テストも50問テストも予告した問題で書ければよい、という指導をしてしまっていました。

「常識」に気づき、その問題点を分析し、実践改善の方向性を定めたことによって、指導が変化していったのです。

その結果、子ども達は抜き打ち50問テストでもクラス平均90点を大きく上回るようになりました。日記や作文でも、こだわって漢字を使うようになりました。

「常識」の乗り越え方

「50問テストや小テストは予告した問題で行う」
を例に

常　識　「50問テストや小テストは予告した問題で行う」

↓

疑　う　「常識」に気づくためのポイント③書籍・理論に学ぶ
千々岩弘一(2015)の論考「漢字力には、読字力、書字力、運用力の三要素がある」

↓

気づき　漢字を読めて、書けて、使いこなせてこそ、漢字力がついたと言える

↓

自　覚　「予告アリ漢字テスト」では一定の効果しか得られない
⇒実は「常識」に過ぎなかった!!

↓

分　析　〈問題点〉「予告アリ漢字テスト」では漢字運用力が高まらない
〈よ　さ〉子ども達が安心して取り組める

↓

改　善　「抜き打ちテスト」を行う
ポイント①　運用力を育てることを目的とする
ポイント②　初見でも解けるように多くの語彙にふれる漢字練習を行う
ポイント③　子ども達が安心して取り組めるよう、テストやドリル、ノートは引き続き使用する。変えるのは「行い方」「用い方」

このように指導改善をしていく上で重要なのは、繰り返しになりますが「常識」のよさも生かすことです。

「50問テストや小テストは予告した問題で行う」という「常識」のよさは、子ども達が見通しをもって学習に取り組める、今まで使い慣れているドリルやノート、テストで学習できることです。総じて、「安心して取り組める」ということでしょうか。

こうしたよさのうち、やはり子どもが見通しをもって取り組めるということは重要だと考えたので、テストやドリル、ノートは指導改善をしていく中でも使うようにしました。これを「今までの漢字学習は意味がないから、これらは全く使わないようにします」などと、「常識」を全て捨て去るような変革は、子ども達にも、周りの同僚からも、保護者からも受け入れられにくいと思います。その上、それで結果も出なかったとなれば目も当てられません。

そうではなく、ドリルやテスト、練習の「行い方」「用い方」を工夫していくようにしたのです。

具体的には、まず、子ども達には50問テストはこれまで通りやること、しかし、それに向けてテスト日をあらかじめ伝え勉強するようになど予告をしたり、テスト問題を事前に配布したりすることはしないことを伝えました。

そして、子ども達とドリルやノートを使って、まずは読めるようになり、そして書けるようになり、それを繰り返していきながら使えるようにしていく手順を共有するようにしました。具体的に、一年間のスケジュールも示しました（漢字学習の年間スケジュールについては、拙著『漢字指導法』明治図書出版や『漢字指導の新常識』学陽書房をご参照ください）。

このように、「常識」の長所である「子どもが見通しをもって取り組める」ということは外さずに、それでいてこれまでとは違う、ドリルやテスト、ノートの使い方を提示していったのです。だからこそ、導入した年度の子ども達も無理なく取り組むことができました。

子ども達の姿を見て改善を繰り返す

改善は「積み重ねる」もの

前節で一件落着、「常識」を乗り越えられた！　のように思えるかもしれませんが、現場で様々な子ども達に指導するということは、そんなに甘くはありません。

考えに考え、練りに練ったものでも、導入年度からなかなかうまくいかないこともあるでしょうし、導入年度はうまくいったとしても、翌年以降はうまくいかないということも多々あります。

それは当たり前のことです。

年度が変わり目の前の子ども達が変わったり、勤務校が変わったりすれば、実態が大きく変わるからです。

そこで重要なのは、改善を繰り返すことです。

教育に完成形などありません。子ども達や教師が多様であるので、「どんな子も絶対にこうすればうまくいく」という絶対的な正解はあり得ないのです。

そもそもこういう前提から「常識」を疑うという本書の考えは発生したのですが、前年度にうまくいった手法を今年度もうまくいくだろうと踏襲して、成果が出ないのにそれでも改善しようとしないでいたら、それこそ今度はそれが「常識」となって終わりです。

そうではなくて、常に改善していこうとすることが大切です。

そして、ここで外してはいけないのが、指導改善を「積み重ねる」ということです。

一度うまくいかなくなったからといって、「やっぱりこれはだめだったんだ」と、せっかく以前行った「常識」を疑った指導改善を全て捨て去るようなことはしてはいけません。その上に積み重ねていく意識をもちましょう。

そのためには、今の問題点を冷静に見つめ直すことです。「常識」を適切に疑い、それを乗り越えた方法であれば、「全てがダメ」ということはあり得ません。しかし、今の子ども達や勤務校、教師の実態にフィットしていない「何か」があるはずなのです。その「何か」を見つけるように、考えていきましょう。

低学年でうまくいかない「抜き打ちテスト」

私が抜き打ちテストを導入した年は、子ども達もやる気を出して、50問テストをいよいよ抜き打ちでやるというときには歓声があがったほどでした。

しかし、勤務校が変わったり、子どもが変わったりしたら、そんな状況が続くわけではありませんでした。

ある年、私は久しぶりに低学年を担任することになりました。

それまでは、高学年を相手に「抜き打ちテスト」へと漢字指導を変化させていたのですが、久しぶりに低学年の子達と日々を過ごしてみると、どうもうまくいくイメージがもてませんでした。

抜き打ちテストでは、ある程度子どもが自分の意志で、教師から指示されずとも普段から漢字の学習を自主的に、なおかつ語彙学習を中心に進めていて成り立つものです。いわば、「自由性」「自主性」が高いのです。低学年を久しぶりに担任したその年は、離席が目立つなどなかなか手のかかる子達や、漢字が苦手な子達が多かったのも相まって、うまくいくイメージがもてなかったのでした。現に、自由進度の漢字ドリルや漢字練習の様子を見ていても、子ども達にフィットしていないように見えました。これは、このままいくときっと抜き打ちテストもフィットしないな、そんな予想をもっていました。

そこで私は、思い切って漢字小テストを予告アリにしました。そして、それに向けた勉強の仕方も丁寧に指導しました。低学年の子達ですから、とにかく見通しをもって丁寧に取り組ませることを意識しました。そうすることで、子ども達は安心して取り組むことができました。やはり、低学年のうちから「自由」だと、それはそれで子どもにとっては厳しく、ある程度「こうするよ」と言ってもらった方がしっかり取り組めるのだと再認識しました。

しかし、これだけでは今までの「常識」の問題点である「漢字運用力が育たない」という点は克服されません。元の木阿弥になってしまいます。

そこで、私は「他用例書き込み小テスト」を考案しました。

この章は「理論編」ですから、詳述は避けますが、簡単にいうと漢字小テストは予告アリで子どもも問題は知っている状態で行いますが、問題に答え終わった子どもから、出題されている漢字の他用例を空欄に書き込んでいき、その個数を点数に加点するシステムにしたのです。

そうすることで、子ども達の意識は読字力や書字力だけでなく語彙や運用力にも目が向き、小テストに向けた漢字練習の段階から、たくさんの用例を学ぶようになっていきました。

このように、子ども達に合わせた実践の改善を繰り返していくことが、目の前の子ども達の実態にフィットした実践を創っていく上で非常に重要なのです。

ちなみに、この実践をもとに書いた実践論文は、学術的な価値も認められ、全国大学国語教育学会編『国語科教育』の査読を通過し、第90巻に採録されました。しかし、私の意識はあくまでも「まだ研究されていないからやる」というものではなく、「目の前の子ども達にフィットさせる」というものだったことを、ここで強調しておきます。

目の前の子ども達にとって、少しでも価値のある実践にするという意識をもち、指導改善を繰り返すことが最重要です。

「手法常識」の改善を積み重ね、「概念常識」が覆る

「手法常識」の改善は連鎖する

ここまで、私が行った漢字指導の改善の一部（「50問テストや小テストは予告した問題で行う」という「手法常識」）を通して、「手法常識」の適切な乗り越え方について述べてきました。

先述の通り、テストの手法を変化させるということは、ドリルの使い方、ノートの使い方も変化させることに繋がっていきます。

つまり、一つの「手法常識」を改善すると、それに伴って他の「手法常識」も大きく変化していくのです。

この「手法常識」の改善の連鎖は絶対とは言えないかもしれませんが、多くの場合、その教科や

領域の中で起こると考えられます。

例えば、「読むこと」の授業でも、発問を変えたら板書も変わらざるを得ないでしょうし、学習形態が変わることも大いに考えられます。

先の例の場合は、「漢字指導」という枠組みの中で、「手法常識」の改善の連鎖が起こったと言えます。

このようにして、その教師の「漢字指導」なり「読むことの指導」なり、教科・領域の指導は大きく改善されていくのでしょう。

それでは、「手法常識」の改善の連鎖の先には何が起こるでしょうか。

それは、教師の「概念常識」が覆ることです。

例えば、私は先のような漢字指導の「手法常識」の改善を積み重ねたことで、「漢字指導」に対する捉えが大きく変わりました。

次のような変化です。

- 「漢字はとにかく何度も書いて覚えるしかない」→「**漢字は読みから学習する**」
- 「漢字指導はあまり工夫のしようがない」→「**漢字指導ほど工夫して子どもの姿が変わるものはない**」

・「漢字学習は教師が言った通りに子どもにさせる」↓「**漢字学習では子どもの自己調整学習を促す**」

・「漢字学習では、読み書きを重要視する」↓「**漢字学習では、読み書きだけでなく使うことも重要視する**」

・「漢字指導は国語科のほんの一部の領域である」↓「**漢字指導を通して学級をつくれる**」

上段が、私が何となくもっていた「概念常識」であり、下段が、「概念常識」が私の中で覆り、変化した捉え方です。

「概念常識」は、「手法常識」よりも抽象的なものです。

我々実践者は、毎日毎日子どもの具体的な姿を目の当たりにし、具体的な実践を行っています。その中では、頭の中で抽象的に考えて「概念常識」を覆そうとするよりも、「手法常識」を疑い実践を改善していく中で具体的な子ども達の姿の変化から学び、「概念常識」が覆っていく方が自然だと思います。

このように、「手法常識」の改善の積み重ねで、教師の中の「概念常識」が覆っていき、新たな教育観・概念が生まれていく流れが実践者にとっては適しているでしょう。

「概念常識」が覆った例

岩下修氏の名著に『Aさせたいなら B と言え』（明治図書出版）があります。

この本は、子ども達を知的に動かす言葉を100以上集め、その原理や原則を探ろうとした書です。同書では、Aを子どもにさせたいとすれば、「Aしなさい」と指示するのでは子どもは知的にならず、間接的に違う言葉で子どもが考えるように伝える（B）と、子どもは知的に成長し、教師も知的な言葉の使い手になっていくという旨の主張がなされています。

岩下氏はBの言葉の事例として100以上を同書で挙げています。その中には向山洋一氏の有名な「おへそをこちらに向けなさい」などが含まれています。

他にも、リコーダーの吹き方の指導で「小さなシャボン玉を少しずつふくらますように吹いてごらんなさい」という言葉や、有田和正氏の「鉛筆の先から煙が出るくらいに速く書きなさい」など、様々な事例が出されています。

これらは「手法常識」を改善した実践と言えます。例えば、「おへそをこちらに向けなさい」は、「こちらを向いて話を聞きなさい」という話を聞かせるときの一般的な指示、つまり「手法常識」を改善したものです。また、リコーダーの言葉がけも、「ゆっくり息を入れなさい」という一般的な言葉がけである「手法常識」を改善したものと言えます。

勝手ながら、「Aさせたいなら B と言え」は、初めから岩下氏が明確にもっていたのではなく、これらの「手法常識」を改善した実践例を総括した結果、「Aさせたいなら A と言う（子どもにさせたいことを直接言う）」という「概念常識」が覆り、「Aさせたいなら B と言え」という新たな教育観・概念が明確になったのだと、本書の理論の枠組みに当てはめて推測しています。

岩下氏は、各教科や領域ではなく「指示や言葉がけ」という枠組みでこのことを突き詰めていったので、結果的に指示や言葉がけの「概念常識」が覆ったのだと私は考えています。しかしながら、これは尋常なことではなく、私のような凡人は、こんなに広い領域（同書では、各教科のみならず学級経営、集会などあらゆる場面が出てきます）で考えることはなかなかできません。本書の枠組みで考えていくと、岩下氏の同書の価値を再認識します。

新たな概念や捉え方から、新たな実践が生まれていく

「常識」の再生産を断ち切ろう

こうして、「手法常識」の改善を積み重ねていった結果、教師の中の「概念常識」までもが覆っていき、私の中では、先に挙げたような漢字指導や漢字学習といったものに対する概念や捉え方、総じて「教育観」「学習観」というようなものの変化が起こりました。

それまで「概念常識」としてもっていたものは、私が教員になって先輩教員を見たり、実際に教

わったりしてもっていたものです。また、自分が小学生のときに受けた漢字指導、取り組んだ漢字学習と、教員になってから教わったものがほとんど同じであったことから、小学生のときからもっていた「概念常識」であったとも言えるでしょう。

これは、よく考えると恐ろしいことでもあります。

仮にも教育のプロである教師が、15年以上も前に自分が受けてきた教育を「常識」として「何となく」自分も行ってしまっているということだからです。

これでは、まさに「常識」の再生産です。

学校の教員になるような人は、学校教育でつまずかなかった人が多いものです。つまり、学校教育に対して好感を抱いている人がなるのがほとんどです。

ですから、私も含め、自分が受けてきた教育を好意的に受け取り、「常識」をそのまま引き継いだとしても何ら不思議なことではありません。

もちろん、学校教育のよい文化など、長所を引き継ぐ分にはよいのですが、それに紛れてよくない「常識」まで引き継いでしまっては学校教育を改善していきにくくなってしまいます。

教師みんなが「何となく」「自分も受けてきたから（自分はまぁまぁそれでもできたから）」という理由で「常識」を行っているとしたら、苦しむ子ども達も出てきてしまうでしょう。

このような「常識」の再生産を断ち切るには、一人ひとりの教師が「手法常識」を疑い、実践を改善し「概念常識」を覆していかなければならないのです。

捉え方が変わると、アイデアが浮かぶ

さて、漢字指導や漢字学習に対する「概念常識」が覆り、新たな概念・捉え方をもった私には、その後あることが起こりました。一体それは何でしょうか。

それは、その新たな概念・捉え方をもとに新たな実践を生み出していったということです。

例えば、「漢字は読みから学習する」という捉え方をもった私は、漢字書きテストに先んじて、半年分の読みテストを先に行う実践などを新たに行うようになりました。

この実践は非常に効果が出ました。漢字が苦手な子達も、まず読みだけを練習すればよいので分かりやすく、意欲的でした。

読みを習得したことで自信をつけ、結果的に書く力も飛躍的に伸びました。

私がこの実践を考えた背景は、「漢字は読みから学習する」という私の中の新たな概念、捉え方を、実践に援用していったということです。

こういう段階までくると、実践者として楽しくて仕方がないという感覚になります。「次はあれをやってみよう」「次はこれだ」というアイデアが次々と出てきて、しかも、それがぴたりとはまり、効果が出るのです。

ここまでくると、この教科・領域の指導、ここでいうと漢字指導に対して、実践者として「掴んだな」という感覚になっていきます。

「手法常識」を適切に疑い、実践を改善してきて、子どもの姿の変化を基に「概念常識」を覆してきたからこそ、このような段階に至ることができるのだと思います。

このように、新たな概念・捉え方（教育観）から、新たな実践が生み出されていきます。

……一件落着！のように思えますが、これで終わりではありません。

こうして生み出された新たな実践も、ここまでで「常識」を疑うことに慣れた教師であれば、「これで完成！」とはならないのです。その新たな手法すらも、その教師の中ではいずれ「常識」となり、絶対視されずに疑われ始めるからです。

そしてその後は、ここまで見てきたような「手法常識」を疑う手順で、再び厳しく吟味され続け、よりブラッシュアップされた実践へと更新され続けていくでしょう。

それが正しいのです。

その更新の過程にこそ、実践者の力量形成があると言えるでしょう。

「常識」を疑い、実践を改善していく手順

最後に、これまで述べてきた適切な「常識」の疑い方についてまとめていきます。今、私が考えているのは次のようなステップです。

① 「手法常識」を認識する
② その「手法常識」のよさを十分分析して把握する
③ その「手法常識」の問題点を整理し、改善の方向性を定める
④ 「手法常識」のよさは生かしつつ、問題点を改善する
⑤ 子ども達の姿を見て実践の改善を繰り返していく
⑥ 改善した「手法常識」が積み重なり、「概念常識」が覆っていき、教師の中に新たな概念が生まれる
⑦ 教師の中に生まれた新たな概念や捉えから、新たな実践が生まれていく

そして、この①から⑦は、ある意味繰り返していきます。⑦で新たな実践が生み出され、その後は①に戻り、その新たな実践がその教師の中での「常識」

となっていくことを教師が認識し、吟味され続けるからです。このようにして力量形成をしていくのです。

つまり、これは「常識」を乗り越える実践改善の手順であり、教師の力量形成のサイクルでもあるのです。

このサイクルの中で教師の実践は精緻化され、教育観も教師としての総合的な力量も研ぎ澄まされていきます。

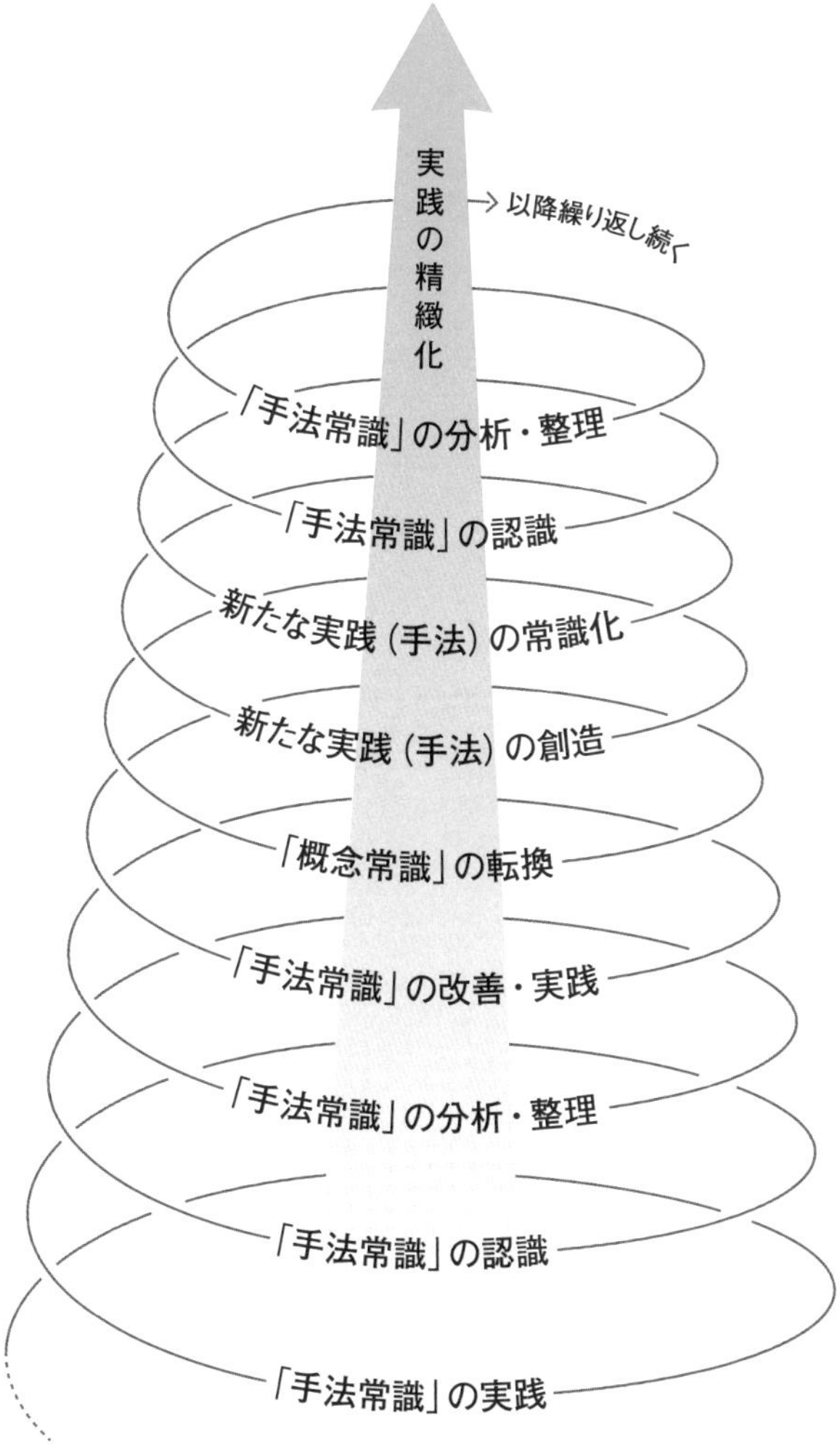
実践の精緻化
以降繰り返し続く
「手法常識」の分析・整理
「手法常識」の認識
新たな実践（手法）の常識化
新たな実践（手法）の創造
「概念常識」の転換
「手法常識」の改善・実践
「手法常識」の分析・整理
「手法常識」の認識
「手法常識」の実践

ゼロからの創造ではなく、「常識」を土台にした創造を
―「ほんの少し」の積み重ね―

地に足のついた実践をつくる

ここまでをお読みいただいた方の中には、「常識」を疑い実践を創っていくことは、終わりがないのでかなりの根気が必要だなぁと思われる方もいらっしゃるでしょう。

また、自分で子ども達などの実態を分析して解決策を考えていかなくてはいけないので、創造性や論理的思考力が求められて厳しそうだと思われる方もいらっしゃるでしょう。

総じて、「自分には無理なくらい難しい」と思われる方がいらっしゃると思うのです。

しかし、私が考えるに、実はそんなことありません。

先にも少しふれましたが、「常識」を疑い、実践を改善していく中で「手法常識」だけでなく「概念常識」も自分の中で覆っていきます。その後、そうして覆った概念・捉え方を基に手法を新たに創っていくことができるようになります。

このようなところまでくると、実践をするのが楽しくて仕方ない状態になります。たしかに、ここまでもってくるのには、それなりに努力は必要ですが、その努力は、簡単に言えば「ゼロからの

創造」などという難解なものではなく、「常識」を土台にした「ほんの少し」の工夫を積み重ねることなのです。

本書では、「常識」を疑う実践改善と、大げさに小難しく述べてしまっていますが、簡単に言えば、**全て「常識」通りやるのではなく、立ち止まって考えてみて、日常の実践に「ほんの少し」の工夫を加えていくことを繰り返す**ということです。

全国から視察が来るほど先進的な実践でも、書籍化するような革命的な実践でもなくてよいのです。目の前の子ども達に合わせて、「常識」を生かしながら「ほんの少し」の工夫を積み重ねていく……。それがやがて「概念常識」も覆し、新たな実践を生み出すような教師の成長に繋がっていくのです。

むしろ、こうした「ほんの少し」の工夫を積み重ねている先生こそ、尊く、地に足のついた、目の前の子ども達や勤務校の実態にフィットした実践を生み出している先生方です。そういった方々は書籍や雑誌の中だけにいるのではありません。

読者である先生方の勤務校に必ずいらっしゃいます。

感銘を受けた実践改善

私の勤務校での話です。私は書写を専科で授業していただくことが多いのですが、ある先生が担当してくださったとき、「あぁ、本当に大切なことってこういうことだよな」と感じたことがありました。

その先生は、特別支援コーディネーターも兼ねていらっしゃって、とてもお忙しい方でした。でも、「土居先生、今度の書写の作品カードの書き方、少し変えていいですか？　今までは、どういうことに気をつけて書いたか、ということを文章にさせていたのですが、ちょっとそれでは子ども達があまり意欲的ではなかったので……だから、やってみたいことがあるのです」

私は、その先生がこのようにおっしゃっただけで、既に「あぁ素敵だな」と心から思いました。こんなに忙しい業務を抱えて、なお目の前の書写の作品カード、という細かい実

践を工夫しようとしていらっしゃるのです。つまり、「手法常識」を改善しようとしていらっしゃるのです。

私は、「どうぞどうぞ！」と快諾しました。

そして、その先生は、作品カードに「自分が書いた字を改めて見つめ直して、書いた言葉と自分の字のイメージを重ね合わせて、どんなことを思ったか」を書かせるように子ども達に指導したのでした。

例えば、「道」を書いたときのある子どもの作品カードには、「私の道は、しんにょうが少し曲がっていて、田舎の道をイメージしました。ほのぼのした道を散歩している自分が思い浮かびました」とか「私の道は、歩んでいきたいところへどんどん進んでいく感じがしました。特に十二画目の部分が少し急なので、これから、どんどん進みたい方向に進んでいくのだろうと思いました」などと書いてありました。

とても面白く、興味深い実践です。

どんな字でも、自分が書いた字を肯定的に捉え、言葉の意味と自分の字とを重ね合わせてイメージし、感じたことを作品カードに書いていたのです。

子ども達も、今まで気をつけたところや見てほしいところを文章で書こう、などと指示されていたときよりも、はるかに意欲的に、かつよく考えて文章を書いていました。

そんな子どもの姿、その先生の姿に、私は感動しました。

その先生に確認は取っていないので、この実践が何らかの書籍等に載っていた追実践なのか、それとも完全にご自分で考えられたのかは分かりません。

ただ、その先生が「常識」を疑い、子ども達に合わせて実践を改善しようとされたことだけは揺るぎのない事実です。

こういった素敵な先生は、実は現場にいくらでもいらっしゃると思うのです。

このように、必要なのは「ゼロからの創造」ではありません。「常識」に「ほんの少し」の工夫、改善を加え、「常識」を繰り返すことだけに満足しない、そんな教師人生を送ることなのです。そして、そんな素敵な先生方は、きっと現場にいらっしゃるのです。

ここまでで「常識」を疑い、適切に乗り越えるという実践者の在り方、その方法について具体例も交えつつ述べてきました。いかがでしたでしょうか。全て納得！とはいかずとも、大枠はご理解いただけたのではないでしょうか。

さて、次章からはより具体的な実践についてご紹介していきます。

第3章

国語授業の「常識」を乗り越えろ

―疑い、改善し、実践する―

国語科指導と「常識」―国語科には「常識」が溢れている―

「はじめに」でも述べたように、教育界の「常識」は無数にあり、授業だけでなく、学級経営など多岐にわたります。今後、そのような多様な「常識」についてもまとめていきたいと思いますが、手始めに、私なりに「常識」を乗り越えた事例を国語科指導に限定して挙げていきます。

具体的な実践をご紹介する前に、まずは「国語科指導と常識」というテーマで論じておきたいと思います。

なぜ、本書で国語科の「常識」に焦点を当てたのかと言うと、国語科が私の専門であり、初めに「常識」を疑った教科・領域であったことに加え、国語科には「常識」が特に多く存在するからです。

これまで「理論編」でも、便宜上数多くの「常識」の事例を挙げてきました。それらの多くに共感していただけたと思いますが、こうした事例の多くは国語科の事例でした。

私の専門が国語科なので、国語科の「常識」を中心に紹介しているのももちろんありますが、それを差し引いても、国語科には本当に多くの「常識」が存在しています。授業場面を一つ一つ見ていくと、すぐに「常識」が見つかるくらいそこかしこに転がっていると言っても過言ではありません。

なぜこのような「常識」に溢れる状況になったのでしょうか。

それは、国語科で伸ばす力が明確ではないことに加え、自分が無意識に身につけてきた力であるので、どうやって指導したらよいかが分かりにくく、結果として「常識」に頼ってしまうからではないかと私は考えています。

「国語の力」とは何か

まず、国語科で伸ばす力を明確にできていないという点です。

例えば、「ごんぎつね」を通して、どんな言葉の力をつければよいのでしょうか。また、それは「モチモチの木」を通してつけたい言葉の力と何が共通していて、何が異なるのでしょうか。

こういった問いに、スラスラと明確に答えられる教師は意外と少ないでしょう。

これが、算数の「小数の割り算」とか「割合」とかにおいて、子ども達にどんな力をつけるのかという問いになれば、明確に答えられる教師は圧倒的に増えるはずです。

教師が、どんな言葉の力をつけたらよいか不明確なまま授業に臨んでいるとしたら、「常識」に頼り、周りの教師のやり方や自分が受けてきた授業をそのまま自分も行う可能性が高まるはずです。今扱う教材を通して、「こんな力をつけたい」「これを考えさせたい」「子ども達にこんな姿になってほしい」という明確なゴールがない状態で授業をすることになってしまうからです。

明確なゴールを教師が描けていない国語科授業の最たる例が、「気持ち悪いほど気持ちを問う」授業です。「気持ち悪いほど気持ちを問う」とは、どの教材のどの場面を扱っても、とりあえず「○○の気持ちは？」と中心人物の心情を問うような授業です。もしかしたら、国語科だけでなく道徳科の授業でも見られるかもしれません。

もちろん、中心人物の心情を考えるのは、文学を読み取る上で非常に重要です。いわば「常識」中の「常識」と呼べるでしょう。しかし、教材の特性や指導事項等も全て無視して、何の工夫もなく「○○の気持ちは？」一辺倒では、きちんと教えるべきことを教えられているとは言えませんし、何より子どもが「また気持ちか……」と飽きて、やる気を失います。

このように、教師自身が国語科の授業を通して、子ども達につけたい力や明確なゴールをもっていないことから、とりあえず「常識」通りの指導を行ってしまうという背景があります。だからこそ、国語科指導には多くの「常識」が存在してきたのでしょう。

例えば、先に挙げた「三読法」は、既に100年以上前からある考え方です。それが現代の国語科授業でも基本的には用いられているというのが驚きです。もちろん、「三読法」には、それだけ長い間教師に受け入れられるくらいのよさがあると言えます。だからと言って、この「常識」を無批判に取り入れるのではなく、そのよさの理由を分析してみたり、場合によっては見直してアレンジしたりしていくことは重要なのではないでしょうか。石丸憲一（2012）などでは、三読法を見つめ直し、分析し直す動きが見られます。

また、他にも、多くの学校で取り入れられている（私も初任者のときに実践しました）「漢字ノートに書き順を書き、練習をして、その後熟語や文を書く」という「漢字ノートづくり」の実践も「常識」中の「常識」です。この実践の源泉を辿ってみると、国語教育研究所編・神奈川県茅ヶ崎市立松浪小学校共同研究（1971）まで遡ります。「漢字カード作り」と呼ばれる学習法であったそうです。こちらも、50年以上前の実践であったそうです。道理で、私が子どもの頃に取り組んでいた学習法と、私が教師になって現場で教わった指導法がほとんど同じだったわけです。

国語科には、こうした「常識」の事例が山ほどありそうです。そして、それらは、教師が明確なゴールやつけたい言葉の力をもっていないことによって、とりあえず「常識」通り指導をしてしまうことによって、かなり昔からの「常識」が現代にも引き継がれてきているのです。このことからも、国語科の「常識」は他教科と比べてもかなり根が深いことが容易に想像できます。

「言葉の力」のつけ方が分からない

次に、教師自身が「言葉の力」をどのようにつけてきたのか分からないという問題です。

実は、これもかなり根深い問題です。

国語科で扱うのは、言葉です。言葉は、私たちの生活に密接に関わっています。密接過ぎるくらいです。言葉なしに一日たりとも我々は生活することができないでしょう。この本だって言葉で書かれていますし、朝起きてスマホを見たらその中には言葉が溢れています。何も見なかったとしても、頭の中で考えるときには基本的に母語で考えています。「昼は何を食べようかな」とか考えている時点で、言葉を用いているのです。

このような我々の生活に欠かせない言葉の力は、いつ学んだのでしょうか。やはり、学校でしょうか。国語の授業の時間でしょうか。

もちろん学校で学んでいる部分もありますが、我々は学校に入学する前から母語を操ることができていました。それに、学校にいる時間、そして国語の授業の時間は、せいぜい一日一時間でした。しかし、先述のように我々は言葉を使わない時間など寝ているときを除いて（もしかしたら寝ているときも使っていると言えるかもしれません）ありませんから、一日一時間の授業だけで言葉を学んでいるとは到底言えません。その他の時間も常に言葉を使っているわけですから。

このように考えてみると、我々が今持っている言葉の力をどのように得てきたのかを説明するのは非常に難しいことが分かります。それを人に教えるということはそれ以上に難しいことは言うまでもありません。

教師自身が、どうやって身につけてきたのか分からないものを子どもに指導するのは思いのほか難しいものです。だから、漢字指導で言えば「何度も書いてみなさい」といった、感覚的な「常識」に頼った指導に陥るのです。

これを体育指導と対比してみるとより分かりやすくなります。

例えば、マット運動を指導するとします。

その際、私もよくやったのですが、職員研修などに参加して、まず自分がやってみたり、教わってみたりすることから始めると、コツを掴むことができて、指導する際に非常に役立ちます。倒立は顎を開くとよいのだななどというコツを自分でつかんだり、体を実際に動かしながら教えてもらったりすることで、自分が指導する際もそれを生かすことができます。

普通の人は普段からマット運動などしませんから、言葉と比べると圧倒的に「特殊」なことです。特殊だからこそ、その動きのコツなどを言語化しやすく、伝えやすいというわけです。

逆にいうと、言葉は、我々の生活に密接で「普通」すぎるのですね。当たり前のように使えているからこそ、いざそれを指導するとなると非常に難しいわけです。だからこそ、教師は「常識」に頼らざるを得ないのです。


このような二つの背景から、国語科には「常識」が溢れていると私は考えています。

また、国語科では、「常識」の数が多いということに加え、その種類も豊富だということを最後に付け加えておきたいと思います。

他の教科の現状をあまり把握できていないのですが、国語科には本当に多くの研究会が存在しており、それぞれが独自の主張をしています。

それに伴い、「常識」も種類が豊富になっているというのが現状です。

例えば、先に挙げた「三読法」は、読みの授業の指導過程の一つですが、研究会によっては独自の指導過程をもっています。一読総合法（児童言語研究会）や新三読法（「読み」の授業研究会）がそれに当たります。

教科書の学習の手引きに採用されているような、圧倒的にメジャーな存在である「三読法」でさえも、これらの指導過程をもつ研究会の中やそれに影響を受けている自治体などでは「常識」ではなく、他の「常識」が存在しているということです。


国語科には、多数かつ多様な「常識」が溢れています。多数であり、多様なのであれば、厳密には「常識」とは呼べないのではないかと思われる方もいらっしゃるかもしれませんが、「何となく」「周りもやっているから」という理由で行われている指導を「常識」と本書では呼んでいますので、そういう意味では、国語科は「常識」のオンパレードであると私は考えています。

しかしながら、「常識」が溢れている、というのは逆に指導を改善していくチャンスです。「何となく」を見直し、「ほんの少し」の工夫を加えて、指導をよりよいものにしていく、そんな機会がゴロゴロと転がっている、そんな可能性を秘めているのです。

国語科教育の「常識」をどう考えるか

特徴	【多数さ】多くの「常識」が存在している 【多様さ】「常識」の種類が多様である
多数さの原因	①国語科で伸ばす力が明確ではない ②「言葉の力」のつけ方が分からない ⇒どうやって指導したらよいかが分かりにくく、「常識」に頼ってしまいがち
多様さの原因	研究会や自治体ごとの独自の指導過程が存在し、それぞれが口承され、「常識」化している

多数で、多様な「常識」に溢れているということは、指導を改善するチャンスも豊富にあると捉えましょう。「なんとなく」を見直し、「ほんの少し」の工夫を加えて、よりよい授業づくりを一緒に模索しましょう!

「常識」を適切に疑い、乗り越えていく中で子ども達と一緒に教師も成長していきましょう。

＊＊＊

それでは、ここからは私が実際に、どのようにして「常識」を疑い、分析し、乗り越えてきたのか、具体的な実践を例にご紹介します。一つ一つの具体的な実践には効果があると思いますので、ぜひ授業で取り入れていただきたいのですが、それと同時に「常識」を乗り越える際の考え方も参考になれば幸いです。

常識 1

教えたいことを直接問う

提案

教えたいことを間接的に問う

POINT

教科書の手引きや指導書の指導案などでは、指導したいことを直接的に子ども達に尋ねる発問ばかりが目立ちます。しかし、それでは子ども達からはなかなか意見が出てきません。指導したいことが、子ども達の口から自然と出てくるような発問を教師が考えていく、一工夫が重要です。

指導事項をそのままぶつける問い

国語の授業は難しい、とよく言われます。

中でも、「多くの子どもから意見を引き出したいのだけれど、全然出てこない」「子ども達が意欲的に取り組まない」「いつも賢い数人の意見で授業を進めてしまう」というような、意見が出されない、子ども達の多くが意欲を失ってしまっているという話はよく教師から聞かれます。また、そういう授業を目にもします。

また、「算数や理科は指導書通りに進めても結構多くの子どもが意欲的に取り組むのだけれど、国語はそうはいかない」という意見も耳にします。私自身、同様に感じます。

ここでは、その原因を「発問」という観点から探ることにしましょう。

国語科教科書の手引きや指導書の指導案に目を向けると、教師が指導したいことや指導すべき事項をそのまま子どもに問う発問が多く記載されています。

例えば、光村5年「やなせたかし―アンパンマンの勇気―」の教科書の手引きに目を向けてみましょう。次のような発問（投げかけ）が書かれています。

「伝記に取り上げられている出来事を確かめよう」

「それぞれの出来事は、たかしの人生においてどのような意味があったか」

「言動からうかがえるたかしの考え方」

「筆者は、たかしをどのような人物だと考えているか」

「あなたは、たかしをどのような人物だと感じただろう」（172ページ）

これらの発問を見て、あなたはどう感じるでしょうか。

子ども達が意欲的に考える姿が目に浮かびますか。発問した後、「はい！」と自分から意見を言う子、「先生！　もっと時間ください！」ともっとじっくり考えてノートに書きたいと主張する子、そんな子ども達の姿が思い浮かぶでしょうか。

それとも、げんなりしている姿や机に突っ伏してしまう姿、賢い数人だけが「こう言えばいいのかな……？」と、あまり言いたくもなさそうな感じで発言する姿などが思い浮かぶでしょうか。

もちろん、子ども達の実態にもよるのは百も承知です。

私が言いたいのは、これらの発問群で前者のような姿になれる子ども達はかなり「育って」いて、なおかつ読む力もかなり高い子達がほとんどであるということです。そうでない教室の子達、またそうではない子達は、これらの発問では考えたり読み取ったりするのは難しいのです。

しかも、伝記は、5年生で初めて国語の授業で扱うのです。生活場面で伝記にふれているような子達にとってはよいですが、そうでない子達にとっては初めての伝記の学習です。

それなのに、発問一つ一つが、「既に学習したこと」であるかのような聞きぶりではありませんか？　例えば、「それぞれの出来事は、たかしの人生においてどんな意味があったのか？」という発問を見てみてください。こんな風に、教師が指導したいことを「直接的に」尋ねて、スラスラと答えられる子ども達は、「既に読めている」と言えませんか？　そんな子達に今さら授業で何を教えるというのでしょう。現実はそうではないから、このような直接的な発問では授業が上手くいかないのです。

このような、教師が指導したいことを直接的に問う発問を、私は「指導事項をそのままぶつける問い」と呼び、非常に問題視しています。

「常識」の問題点

「指導事項をそのままぶつける問い」は、二つの大きな問題点があります。

一つは、子ども達の意欲を低下させやすいことです。直接的に問われると、考えるのが難しいのです。教室の中の、学習が苦手な子達が、「人生においてどんな意味があったか」などと聞かれて「よし考えよう！」となると思いますか？　私には到底思えません。事実、そうはならないでしょう。

二つが、子ども達に定着しにくいということです。堀裕嗣（2016）では、指導を「演繹的指導」と「帰納的指導」とに分けて考えています。演繹的指導は、子ども達に指導事項を指導してから取り組ませる指導、帰納的指導は子ども達に活動させながら指導事項に気づかせていく指導です。

前者が既習事項の習熟を図る際に有効であり、後者は新出の指導事項を指導する際に有効だとされています。多くの指導事項を初めて指導する機会の多い小学生の場合、圧倒的に後者の方が向いています。それなのに、「指導事項をそのままぶつける問い」は、明らかに前者の指導方法なのです。ですから、結果的に多くの子ども達はついていけず、定着しにくいのです。

「常識」の長所

先述のように、「常識」の長所は、問う対象自体は正しいことがほとんどなことです。指導書や教科書は多くの人が関わって作られていますし、学習指導要領に忠実に作ってあるからです。問題なのは「問い方」なのです。

「常識」を乗り越える

「常識」を乗り越えるには、問う対象つまり子ども達に考えさせる対象はそのままにしつつ、指導したいことが、子ども達から自然と出るように「問い方」を一工夫する必要があります。

次ページの写真は、「やなせたかし」において、「出来事の意味を考えさせる」というねらいのもとに行った授業の板書です。学習の手引きでは「たかしの人生においてどのような意味があったのか」という発問でした。私は、「やなせたかしの人生に影響を与えた出来事三選を考えよう」と発問

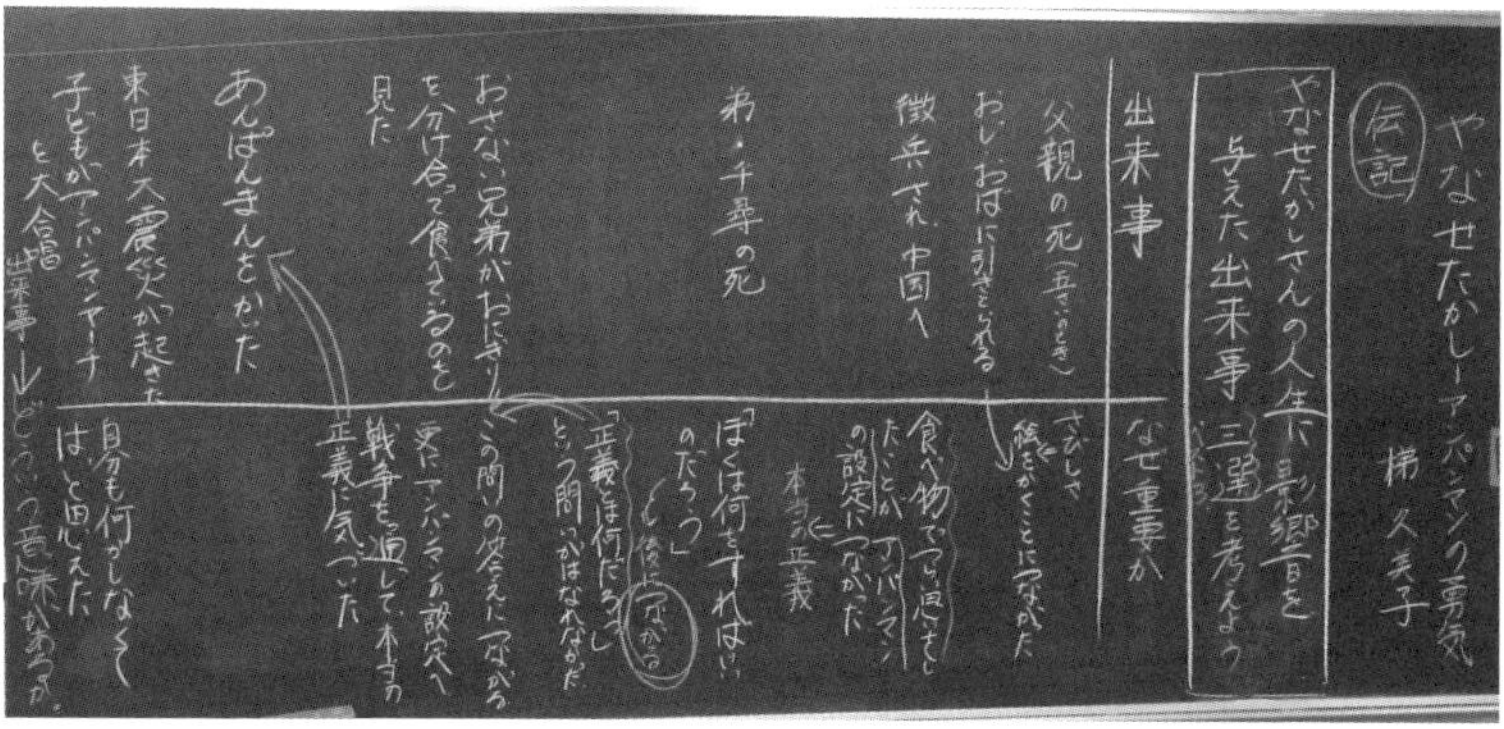

しました。

子ども達は「ベスト3」が大好きです。好きな食べ物ベスト3、好きなスポーツベスト3、好きなゲームベスト3、そんな日記を多く書いてきます。ただ三つ食べ物やゲームを挙げるだけでなく、理由をしっかり書いてきていました。

そこからヒントを得て、このような発問をしました。子ども達は、「えー！　迷うな！」「これは絶対外せないな！」などと口にしながら楽しそうに考えていました。理由として、「正義について考えることになった」「後の○○につながる」などとねらいとしていた「意味」について自然と発言が出てきました。そして、授業の最後に、「君たちが今日一生懸命考えていた、理由は、やなせさんの人生においてそれぞれの出来事にどんな意味があったのか、ということなんだよ。伝記を読むときは、出来事だけを読むのではなくて、その人にとってどんな意味があったのかと考えるといいね」とまとめました。子ども達の活動を価値づけて、「読み方」を定着させるためです。

常識 2

初発の感想を書かせる

提案

初読では「あらすじ」を書かせる

POINT

「初発の感想」を書かせる実践は古くからありますが、その後の授業に生かせている実践はなかなか少ないものです。そこで、初読ではあらすじを書かせて交流します。すると、一人一人の読みの違いが明確になり、その後どういうことを読み取っていくかという問いを共有しやすくなります。

ただ書かせるだけ……⁉

文学の授業の第一時では、物語を通読した後、必ずといってよいほど「初発の感想」を書かせることが多いです。

試しに、多くの教師が授業をする際に参考にしている指導書の単元指導計画に目を向けてみましょう。

光村図書の教師用指導書（5年生）の単元指導計画を見てみると、なんと全ての文学の単元が「初発の感想」を書かせることになっていました。他の学年も恐らく同様でしょう。

初発の感想自体は、全く悪いことではなく、むしろ現在主流である「三読法」に適した学習活動です。通読し、初めの感想をまとめておき、精読を経て、味読の段階で初発の感想の変化を子ども達自身が感じることができるなど、非常に理にかなっている学習活動です。ですから、三読法の広がりとともに、根強く広まってきているのでしょう。

さて、そんな文学の授業における「常識」中の「常識」と呼べる初発の感想を書く活動ですが、多くの場合、「書かせるだけ」になっているのが実状です。私の見てきた中では、この初発の感想をその後の授業展開に生かせているものをあまり見たことがありません。

文学の授業に入るから、「とりあえず」初発の感想を書かせておこうとなっている節が見られます。

そしてその後あまり生かせず、結局教科書の学習の手引きや指導書のプラン通り進めていくのが多くの現状です。

「初発の感想」は子ども達が自由に感想を書くので、実に多様です。ある程度深い読みをしている子もいれば、読み違いをしている子もいます。そのような、実に多様な初発の感想なので、教師もなかなか焦点を絞り切れず、結局感想を出し合うだけになりがちなのです。

また、初発の感想に問い（疑問）を書かせて（→常識③で詳述）、クラスに一人か二人いる読解力の高い子がもった「深い問い」を教師が引っ張り上げて、無理やりクラス全体の問いのような形にして「これからみんなで考えていこうね」としてしまう場合もあります。これでは、やはり子ども達全体の問題意識、課題意識は醸成されていないので、実態がついていきにくくなります。

そして、子ども達も「自由に感想を書いて」と言われるので何を観点に書いたらよいか迷うことがあります。読解力が高い子や文章を書くのが得意な子はそれでも「何となく」で書きますが、そうでない子はなかなか書けないものです。「自由に」というのが難しいのです。また、初発の感想を出し合っても、子どもによって実に多種多様なので、お互いの読みの違いが分かりにくいことが挙げられます。そうすると、初発の感想を交流しても、子ども達の課題意識は醸成されにくいのです。「私の読みと友達の読みではここが違うな」とか「どちらが正しいのかな」といった課題意識は、今後のクラスで追究する問いにも繋がりますが、初発の感想を交流するだけでは、なかなかそういったものは生まれにくくなっています。多種多様過ぎて、噛み合いにくいのです。

このように、実は初発の感想はその後の授業に生かすのが難しく、子ども達にとってもなかなか実りのある学習となっていないのが実状なのです。

常識の問題点

初発の感想の現状の問題点をまとめておきます。

それは、多様なものが出てきすぎてなかなか教師が上手くさばけず、その後の授業に生かせていないことです。そして、子どもにとっても「何となく」で書いてしまいがちで、書くのが難しい子もいます。なおかつ交流したところで、子ども達の課題意識は醸成されにくいことです。

常識の長所

この常識の本来の長所は、何といっても、教師が子どもの読みを把握できるということです。

しかしながら、現状ではそれすらも怪しいと言わざるを得ません。先述のように、多種多様な初発の感想を前に、教師は焦点化できておらず結局生かせずに授業を進めている場合が多いからです。

また、本来は子ども達同士でも互いの読みの違いを認識し、問題意識を醸成し、今後クラスでどういうことを話し合っていくべきかということを明らかにしていくことができるはずです。しかし、これもなかなか実現できていないでしょう。

このように、「初発の感想」の本来の長所は、現在ではほとんど生かされていないのです。

「常識」を乗り越える

この「常識」は、恩師・石丸憲一先生のお考えを参考にしつつ乗り越えました。

初読で「感想（と疑問を書かせる場合もある）」という大まかな括りのものを書かせるのをやめ、代わりにあらすじ（ログライン）を書かせることにしました。あらすじは「○○が××して△△なったお話」とフォーマットを示して一文で書かせます。すると、「感想」という大まかな括りではなかなか書けなかった子達も、全員が書くことができました。初読であらすじを書かせると、実に多様なものが出てきます。そこに子ども達の初読時点の読みが表れています。主語には多くの場合、中心人物がきますが、そうでない子もいます。「ごんぎつね」では最終場面で視点の転換が行われます。そこを捉えている子は兵十を主語にしてくる子もいます。そういう子にどうしてそのあらすじにしたかなどを聞くなどしていくと、子ども達の問題意識が醸成されていきます。

あらすじを捉えることは、物語の大体を摑むことです。これは学習指導要領では低学年の指導事項です。一読であらすじを摑むというのは、中学年や高学年にとって適度な負荷になります。よい意味での緊張感が、初読に生まれます。

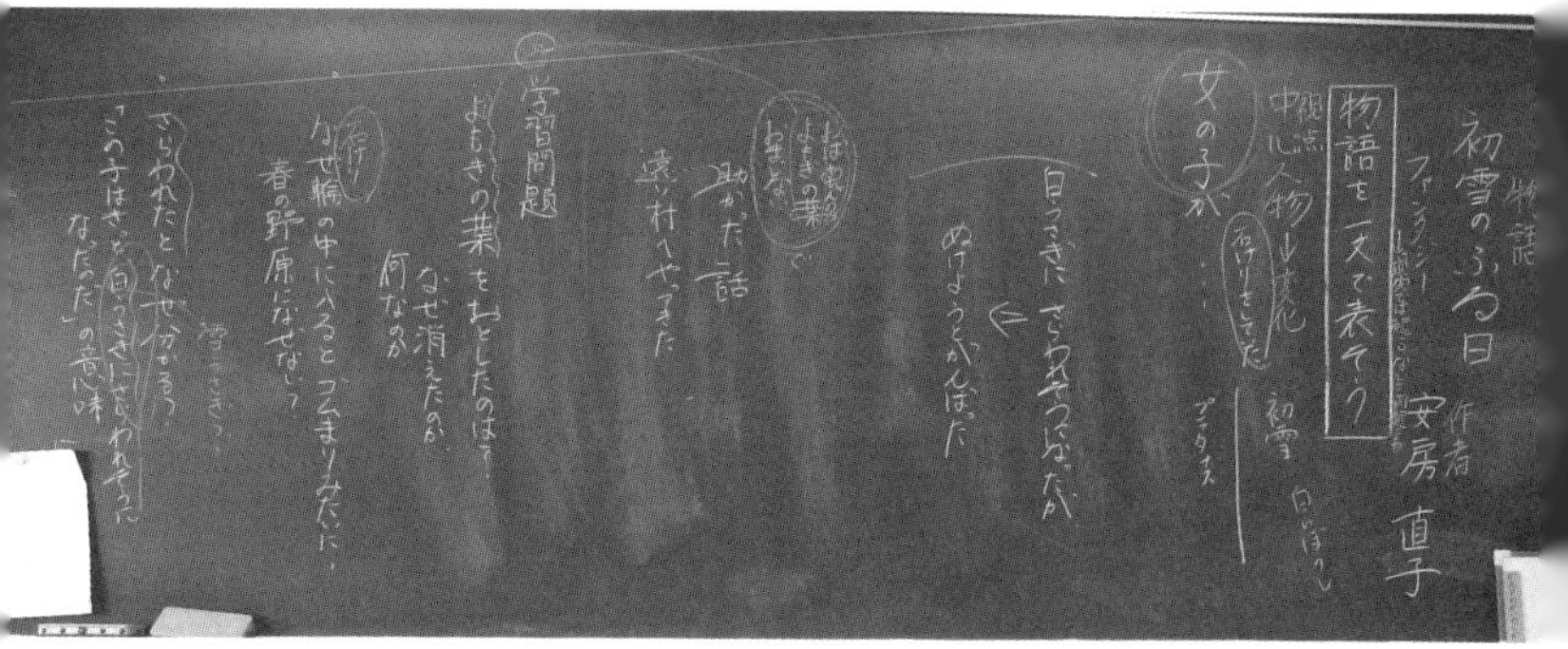

そして、子ども達が書いてくるあらすじは多様ではありますが、フォーマットのない初発の感想と違い一文ですから、整理が非常にしやすいです。整理していくことで、これからみんなで考えていきたいことが、教師も子どもも見えてきます。

上の写真は「初雪のふる日」（光村4下）の第一時の板書です。このときは、女の子を全員が主語にしていることと、「助かった話」というのは意見が割れなかったのですが、何のおかげで（よもぎの葉、おまじない等）助かったのかが子どもによって違いました。微妙に違ってはいるけれど、それらのおかげで女の子の気持ちは変化し、助かったということは、子ども達は共通認識をつくることができました。つまり、「よもぎの葉」などが物語の中で重要なのではないかということをみんなが思っていたと気づいたのです。

このように、子ども達も多くの子がそこに注目していることを把握できるので、「よもぎの葉」などの言葉を中心としながら、今後みんなでどんなことを考えていきたいかを話し合い、今後の学習課題を出し合い決めていくことができました。

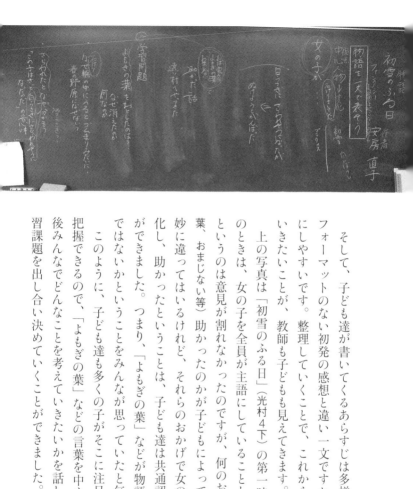

常識 3

初読で、問い（疑問）を出させる

提案

ある程度みんなで読んでから、問いを出させる

POINT

子ども達に、初読の時点で「深い問い」を出させようとしても無理があります。そこで、ある程度クラス全体で読んでから問いを出させることで、すぐに答えが確認できる問いばかりが出されることなく、クラス全体で話し合うに値するような問いが出てくることが多くなります。

子ども達から「深い問い」が出てこない……!?

「主体的・対話的で深い学び」が重視される現在、子ども達から「問い」を出させることが再注目されてきています。

2023年現在、書店には「問い」と名のつく教育書が多く並べられています。教育界は「問い」ブームにあると言えるでしょう。

そんな中、私が「再」注目と表現したのは、教育界、特に国語科教育界においては「問い」はずっと注目されてきていることだったからです。

10年くらい前に「単元を貫く言語活動」が流行しているときにも、「単元を貫く問い」が必要だと香月正登編（2015）などでは主張されていました。

それこそ、理論編で挙げた斎藤喜博氏も、授業において「問い」を授業を構成するそのものとして、最重要視していました。

ですから、古くから「問い」はずっと教育界において注目されてきていると言えるでしょう。

そんな問いに関して、私が教師になったときからあるのが、文学の授業において「初読で問いを出させる」という「常識」です。私が小学生のときも、「初発の感想」と称して問い（疑問）を書かされたのを覚えています。

私も教師になりたての頃、今まで自分が受けてきた授業や周りの先生方の影響から何となく「初読で問い」を出させていました。

私は、子ども達からどんな「問い」が出てくるのかワクワクしていました。

ところが、物語の核心をつくような問いは出されず、読めば分かるような問いやピントのずれた問いばかりが出され、がっかりしたのを今でも覚えています。

よく考えてみると、このやり方で子ども達から「深い問い」を出させるのは無理があります。

物語の核心を突くような「深い問い」を初読で出せるような子は、もう既にほとんど「読めて」います。それなのに、我々教師は「なるべく子ども達から出てくる問いで授業を進めたい」という願望と「もちろん、問いは読めば分かるような浅い問いではなく、全員で考えるに値する深い問いを扱いたい」という願望を、「初読で問いを出させる」という手法で叶えようとしてしまっています。

これでは、いくらなんでも「子ども任せ」と言わざるを得ないですね。

もちろん、子ども達の「問いをもつ力（私は、「引っかかれる力」と表現しています）」を鍛えて、ゆくゆくは子ども達から初読で「深い問い」が出てくるのが理想です。

しかし、相当鍛えられている子ども達でなくては、そうはいきません。

そうでない場合、読み落としや読み違いがあって当然ですし、物語の核心をつくような場面に気づくこともできないものです。

それでも、一人か二人は「深い問い」を出してくるものですが、それはその子達の能力によるものので、クラス全体ではその問題意識はもっていません。その問いを無理やり引っ張り上げて授業で扱っても、ついて来られない子が多くなり、優等生だけで進む授業になってしまいます。

「常識」の問題点

さて、「常識」の問題点をまとめておきましょう。

これは、子ども達にとって「難しすぎる」ということです。

私は、セミナーや校内研修等で、先生方を対象に教材研究講座をすることがあります。その際、多くの先生方が読んだことがないであろう教材（過去に教科書に載っていた教材や一つの教科書会社の教科書にしか載っていない教材）を題材にして、ワークショップ的に教材研究をみんなですることがあります。

その様子を見ていて、失礼ながら先生方の多くも初読ではあまり読めていないなぁと感じることが多々あります。

先生方でもこのような状況なのですから、子ども達に初読で「深い問い」を出させるのはかなり難しいことだということは明らかでしょう。

「常識」の長所

それでは、「常識」の長所は何でしょうか。

それは、初読で問いを出させることで子ども達の初読に緊張感をもたせることができて、教師は子どもの読みを把握できること、そして単元全体の見通しをもちやすいことでしょう。

初読で問いを出させ、それを中心に単元を作っていくということは、子ども達にとっては初読にかなりの「負荷」がかかることになります。これはよい意味での「負荷」であり、かなり考えながら読むことになるでしょう。また、教師は子どもの読みを把握できます。これは長所です。

また、単元の初めに、これからみんなで考えていく問いが示されるので、単元全体の見通しをもちやすいでしょう。

「常識」を乗り越える

子ども達からの問いは、初読でのあらすじ交流、設定の確認等を終えたあたり、つまり「構造と内容の把握」を終えたあたりで出させることにしました。

これが大当たりでした。初読時よりも、はるかに深い問いが出てくるようになりました。例えば「ごんぎつね」では、「6場面でごんはなぜ家の中に入ったのか」「6場面でなぜ視点が変わったの

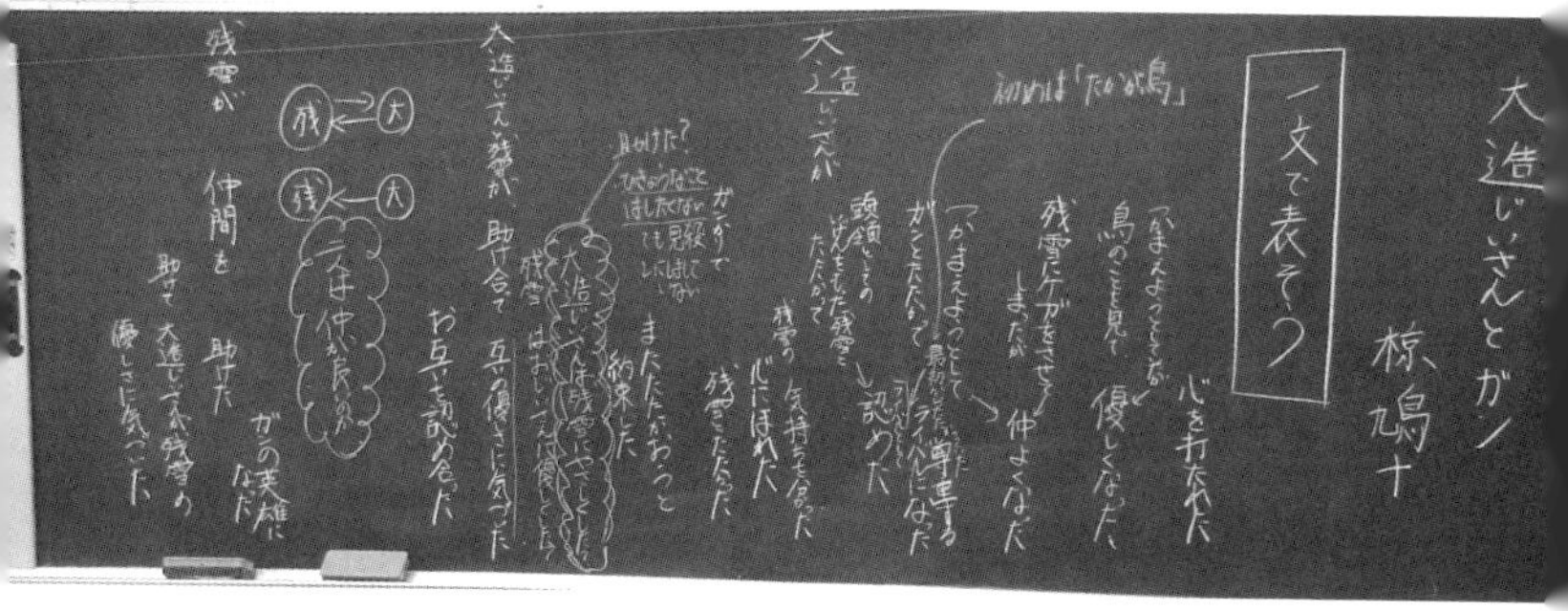

か」「4、5場面がある意味は?」など、本当なら教師が発問するような内容の深い問いです。

初読でのあらすじの交流や設定の確認の際、子ども達の問題意識が醸成されていくので、自然と初読より深い問いになりやすいのです。教師が、ここに注目させたいな、このあたりにふれた問いが出てくるとよいなという願いがあるとしたら、そこに子ども達の意識が焦点化し自然と疑問をもちやすいような「あらすじの交流」や「設定の確認」ができるようにしていくこともできます。

例えば、上の板書では「大造じいさんとガン」（光村5）の初読で「あらすじの交流」をしています。この単元では、大造じいさんと残雪の関係性について単元を通して読み取っていきたいと私は考えていました。子ども達の初読のあらすじでは、大造じいさんは「優しくなった」とか二人は「仲良くなった」という考えが出される一方、「お互いを認め合った」などという、微妙に違う意見も出されました。そのあたりに焦点化させることで、後々「どんな関係になったと言えるのか」という、物語全体を貫くような深い問いが子どもから出てきました。

常識 4

意見の根拠を問う（本文のどこに書いてあるのですか？）

提案

根拠だけでなく、意見の理由付けを問う（～と書いてあるから、何ですか？）

POINT

「どこに書いてあるのですか？」「どこからそう思ったのですか？」これらは、子ども達の意見に根拠を求める問い返しであり、重要です。しかし、そこで止まると子ども達に、明確に理由を説明する力がつきません。「～と書いてあるから、何なのですか？」と理由付けまでしつこく求めるようにしていくことが大切です。

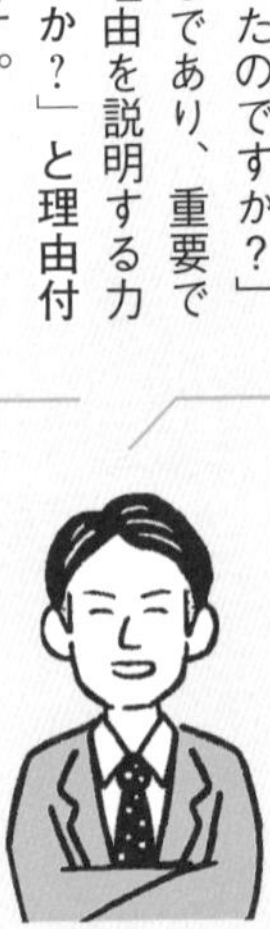

「～と書いてあるからです」は、理由になっていない

文学の授業において、叙述を根拠に考えさせることは非常に重要です。限られた時数の中で、子ども達の読む力、言葉の力を高めていくには、「何となくこう思う」というような曖昧な読みをできるだけ排し、「ここにこう書いてあるから、こう思う」という確かな読みを積み重ねていきたいものです。

このような考えは、一般に広く知れ渡り、子どもが意見を言った後、教師が「どこに書いてあるのですか？」「それはどこから分かるのですか？」などと問い返し、本文に返すような指導は多く行われています。

その成果か、年度初めであっても、多くの子どもは意見を言う際、「○ページに～～と書いてある」ということを根拠として示します。

年度初めにそれができるということは、これまでの先生方の指導が根付いている証拠です。「根拠」を示すのは、全国的に根付いてきていると言えるでしょう。

ここまでは、言葉の力を養う国語科の授業として望ましいことなのですが、問題なのは根拠を示すだけで子どもも、教師も満足してしまっていることです。

子どもは「○○だと思います。なぜなら～と書いてあるからです」と自分の主張や考えを書いた

り、話したりすれば、他者に十分説明したと捉えてしまっています。

一方、教師は「どこに書いてあるのですか？」と問い返して子ども達を本文に返したり、子どもが「〜と書いてあるからです」と言えたりしていれば、子ども達の言葉の力を十分培えていると捉えてしまっています。

もちろん、根拠すら示さない、示させないよりはよいのですが、これだけでは不十分なのです。そこに欠けているのは、「理由付け」です。

「常識」の問題点

鶴田清司・河野順子（２０１４）で主張されているように「理由付け」と「根拠」は異なります。根拠は、データなど客観的な事実がそれにあたります。物語の授業においては、「叙述」に他なりません。

一方、理由付けは、その根拠が、なぜ自分の主張を支えるのか、を分かりやすく、自分なりに説明することです。

例えば、「ごんは兵十に対して親しみの気持ちを抱いていたと思う」というのは「主張」ですね。それに対して、「おれと同じ一人ぼっち」という叙述は「根拠」に当たります。そして、「ただの『一人ぼっち』じゃなくて、『おれと同じ』という言葉をわざわざつけているので、『同じ』ということを強調していると思うから」などというのが「理由付け」に当たります。

この例を見てお分かりいただけると思いますが、本当に思考力、表現力が伸ばせるのは、「理由付け」について考えさせ、表現させるときなのです。

もちろん、「根拠」を見つけてそれを自分の「主張」と繋げるだけでも、「根拠」すらないときと比べればはるかに論理的ですし、読む力や言葉の力も高まります。しかし、より高度な論理性、多様な説明、その子らしさが出てくるのは、「理由付け」について話させるときなのです。

前林伸也・佐藤佐敏（2016）では、「根拠・理由・主張の三点セット」のメリットを整理しています。その中で、「理由を述べることで、論理的に考える力が高まる」「文章に対して能動的・主体的に読み取っていく態度と技能が育つ」などがメリットとして挙げられています。私も概ねこの考えに賛成です。「理由」を話させることで子どもの思考は深まります。

だとすれば、根拠だけを示させて子どもも教師も満足している授業は、不十分と言わざるを得ません。子ども達の論理的に考える力や文章を能動的に読み取る力を育てる力を育てられていないにもかかわらず、根拠を挙げるだけで子どもも教師も満足しているのはもったいないことです。

「常識」の長所

この「常識」の長所は、言うまでもなく子ども達を文章に返せ、根拠を探させることができることです。ですから、低学年など自分の考えの根拠を言えない場合や根拠のない意見に終始してしまうような場合には、有効です。国語の授業としての最低限を担保できると言えるでしょう。

しかし、もう既に子ども達に、文章を基にすること、根拠も示すことが根付いている場合、繰り返していてもあまり意味がありません。

「常識」を乗り越える

私は、先に挙げたような書籍を参考に、子ども達に根拠だけでなく、理由付けも求めるようにしました。

「読むこと」の授業において、子ども達が自分の考えを発言する際、「○○だと思います。～～と書いてあるからです」と根拠だけを示したとします。

そうしたときに、それをもってよしとせず、「～～と書いてあるから?」「～～と書いてあるから何ですか?」と、その続きを求めるようにしました。

初めのうちは、子ども達は戸惑っているようでした。これまでは「～～と書いてあるから」と言えば、十分説明できたと思ってきたからです。私は、「～～と書いてあるから、では理由になっていません」と子ども達に事あるごとに伝えました。「○○さんはバスケが得意です。背が高いからです。」と言っているようなものですよ」などと主張と根拠だけの論がいかに信頼性が低いかを、具体例を

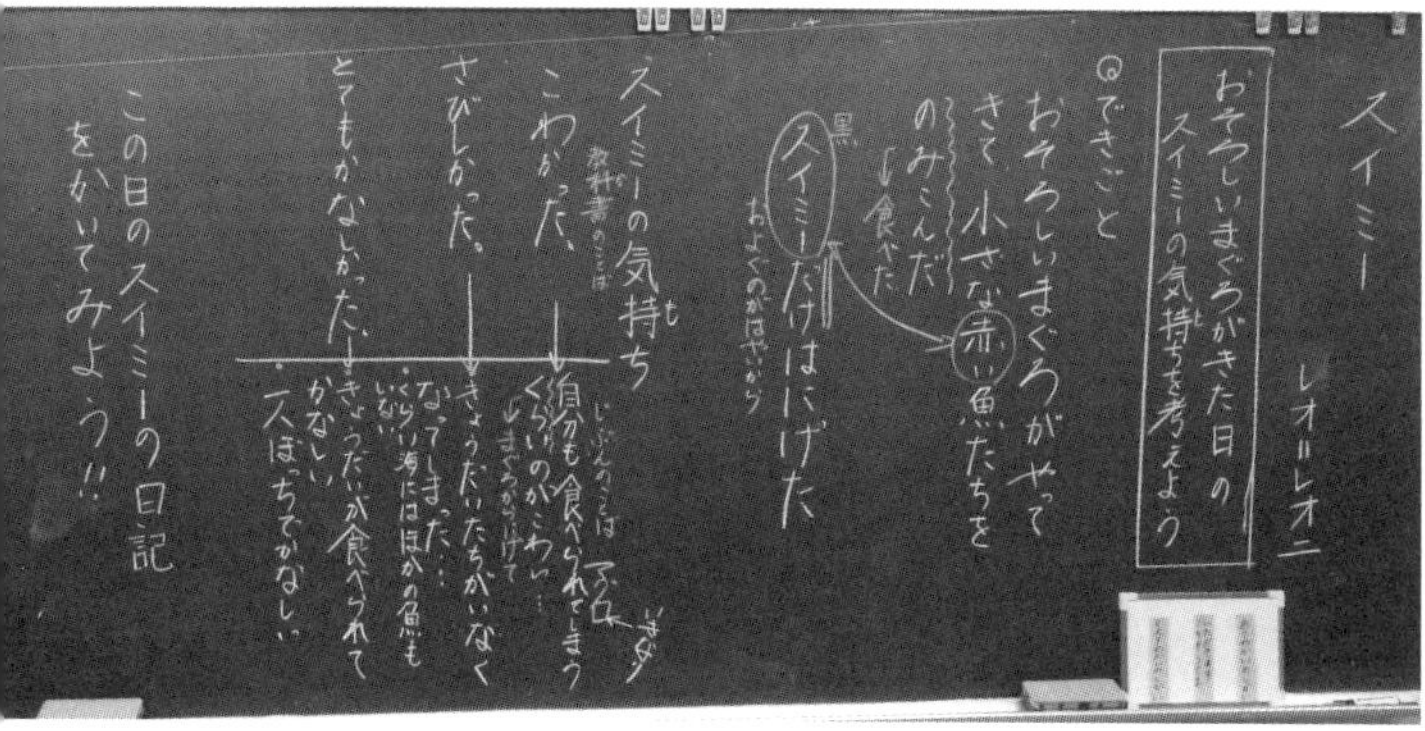

出しながら説明しました。

このように続けていくと、低学年においても、主張と根拠、理由付けを分けて考えることができるようになっていきました。そうすると、叙述（根拠）を基にさらに深く考えるようになります。上の写真は2年生の「スイミー」（光村2上）の授業です。おそろしいまぐろが来たときのスイミーの気持ちを考えたときのことです。

理由付けについてしっかり指導してきていないと、「スイミーはこわかったと思います。こわかったと書いてあるからです」と2年生の子どもは発言してしまいがちです。しかし、私は理由付けについて継続的に指導してきていたため、ここでは、「こわかったと書いてあって、仲間たちも食べられてしまって自分も食べられると思ったからだと思います」など、叙述を基に自分の頭で考え、読みを深める様子が見られました。こういう姿こそ、本当の意味で「叙述を根拠に考えている」姿だと言えるのではないでしょうか。

常識 5

気持ちばかり話し合う

提案

正解のある論理的なことも話し合う

POINT

「気持ち悪いくらい気持ちを問う」文学の授業では、子ども達は「また気持ち？」と飽き飽きしてしまいがちです。ときには、論理的な正解のある発問をすることで、子ども達の目がより文章の叙述に向き、歯ごたえのある議論をすることができます。

「気持ち悪いくらい気持ちを問う」授業

どの学年のどの教材のどの場面でも「このときの○○の気持ちは？」という発問を連発して、中心人物の心情ばかりを追っていく授業が文学の授業では横行しています。

このような授業を、「気持ち悪いくらい気持ちを問う文学の授業」と呼び、私の恩師・長崎伸仁先生は批判されていました。

毎回毎回「気持ちは？」と尋ねられ、子ども達は、「また気持ちか……」と飽き飽きしてしまいます。物語を最初に読んだときは楽しそうだった子ども達も、毎時間「気持ちは？」と尋ねられ、どんどん意欲が低下し、机に突っ伏してしまう子も出てくる始末……。授業は毎回賢い数人が模範解答のようなことを言って、何となく進んでいく……。

おそらく読者の先生方もこのような経験があるのではないでしょうか。

指導書等に目を向けると、やはり人物の心情を読み取るという旨の記述が、文学の指導計画には目立ちます。

教師は、それを踏まえるとやはり「気持ちは？」と尋ねざるを得ないと思い、この発問を連発してしまうのだと思います。

あるいは、それで何とかなってしまうところもあると思います。あまり教材研究をしていなくても、とりあえず「気持ちは？」と各場面で尋ねていけば、それで授業は何となくできているような気になってくるからです。

「常識」の問題点

もちろん、人物の心情を読み取ることは文学の授業において非常に重要なことです。むしろ最重要と言っても過言ではありません。だからこそ「気持ちは？」は「常識」になってきているわけですが、問題なのはこの発問一辺倒で子どもがやる気を失っているということです。

そもそも、「気持ちは？」という直接的な問いでスラスラと気持ちを読み取り、話し合えるのであれば、そのような子達はもう既に「読めている」とも言えます。わざわざ授業をする必要がないのです。「気持ちは？」一辺倒の授業には、子ども達が考えやすくなったり、考えてみたいと意欲が高まったりする工夫が一切ないのです。ですから、読みが苦手な子にとっては難しくてできませんし、ある程度読める子でも「また気持ちか」と飽き飽きしてしまい、結果として話し合いは活発になりません。教科書を開きもせず、ノートにいい加減に書く子さえ出てきます。

また、「気持ち」を表現するのは意外と難しいことです。語彙が少ない子どもならなおさらです。「うれしい」とか「楽しい」とか大雑把な言葉が出てきます。するとそれを聞いた他の子も、「確かに、このときの登場人物の気持ちはうれしいだろうしな……」と思い、それ以上何も言えなくなります。よって議論に発展しないのです。本当は「うれしい」と「楽しい」は微妙に違いますよね。しかし子ども達はその微妙な違いを議論することはなかなかできず、結局「うれしいも楽しいもどちらも正解」という「何でもあり」の授業に陥りがちなのです。

こうした授業が繰り返されていくと、子ども達は「気持ちは？」という授業が盛り上がらないことを知ってしまいます。そして、文学の授業に飽き飽きしてしまうのです。本来子ども達は物語が大好きなのに、これは非常にもったいないことです。

教師側から見ても、先述のように「気持ちは？」一辺倒の授業は、教材研究を自分で行うという重要な手順を省き、手抜き授業に陥りがちなので弊害が大きいと思います。

「常識」の長所

この「常識」の長所は、文学を深く読む上で欠かせない、人物（特に中心人物）の心情を追っていけるということです。

文学は、人物の「変化」で成り立っていると言っても過言ではありません。

最初は○○だった人物があるきっかけを通して大きく××に変化する、その変化にこそ、その作品のもつメッセージ（主題）が隠されていることが多くあります。

「変化」するものの最たる例が心情、つまり気持ちです。ですから、「気持ちは？」発問で子ども達に考えさせようとしている対象自体は何ら間違っていないのです。つまり、目的は間違っていないけれど、「気持ちは？」発問一辺倒という手段が間違っているということです。

「常識」を乗り越える

こうした「気持ちは？」一辺倒で、正解がなく「何でもあり」の、議論が盛り上がらない授業を脱却するための一つの手立てとして、「どちら？」「どれが一番？」など「Ｗｈｉｃｈ型」の発問が有効です。

先に「気持ちは？」は読みが苦手な子にとっては難しい、表現するのも難しいということを述べました。「どちらが正しいと思う？」だとそういう子達でも選ぶことができます。これは非常大きいことです。どちらかを選ぶだけで、授業に参加する一歩を踏み出せるのです。

どちらかを選ばせたら、必ず子ども達は理由も言いたくなります。その理由に、自然と教師が考えさせたい人物の心情が出てくるようなＷｈｉｃｈ型の発問を教師が考えることが重要です。

次ページの写真は、「大造じいさんとガン」で「大造じいさんは傷ついた残雪を一生懸命世話したのか」というＷｈｉｃｈ型の発問で話し合った授業の板書です。

初めは「したと思う」派の人数が優勢になります。やはり、残雪の傷が治ったことから、多くの子どもは「大造じいさんはしっかり丁寧に世話をしたに違いない」と考えるようです。しかし、こ

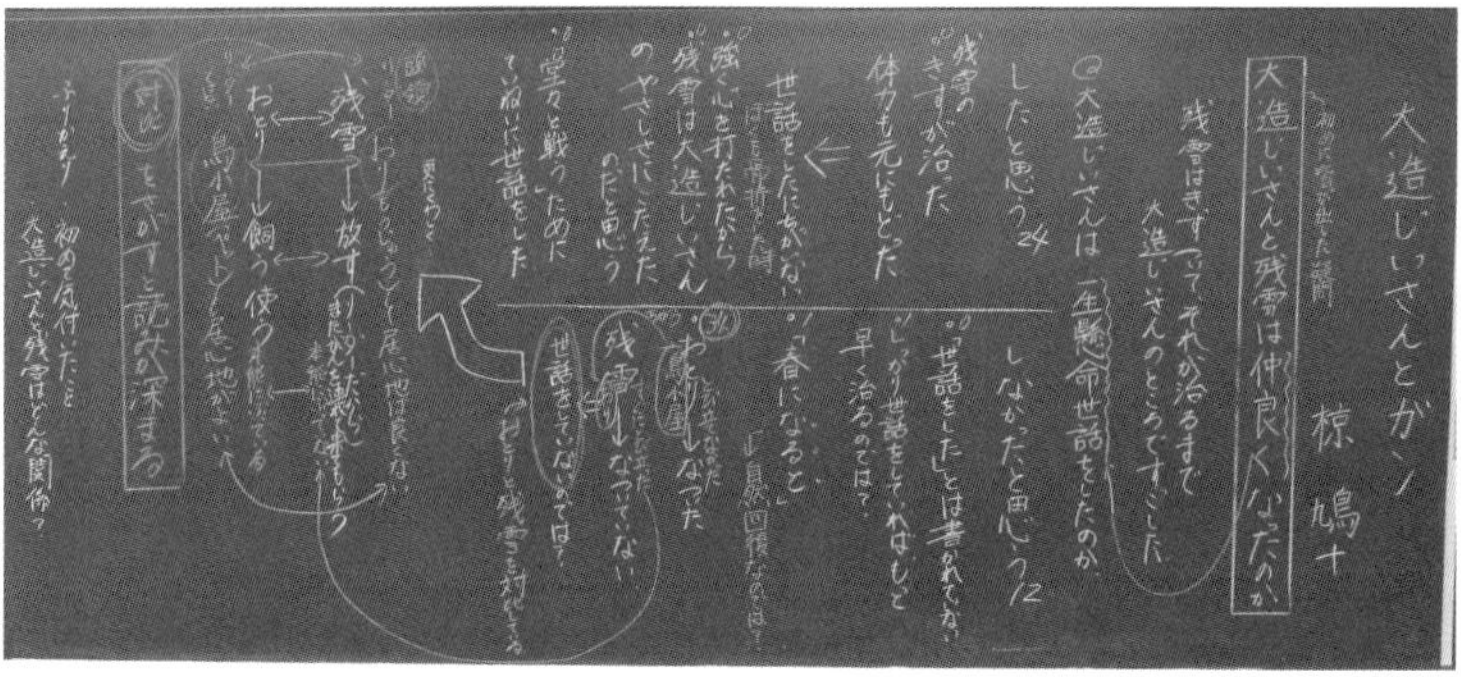

れらの読みは、あくまでも想像に過ぎず、実は根拠がないのです。

一方、「しなかったと思う」派は、初めは少数です。しかし、叙述を基におとりのがんと残雪とを対比させながら、大造じいさんが残雪に対しては群れの頭領としてすぐに戻るために、飼い慣らさないように配慮していたことを説明していき、「したと思う」派を説得します。例えば、「おとりのガンは野生の本能がにぶっていてすぐに飛び立てなかったけれど、残雪は大造じいさんがおりのふたをあけたらすぐに飛び立っていった。全くなついていない」とか「おとりのガンは鳥小屋で飼っていたけれど、残雪はおりに入れていた。鳥小屋はどちらかというとペットのような扱いだけれど、おりは違う」といったような意見です。

議論は非常に盛り上がり、「したと思う」派は「あー！」と心から納得の声を上げ、人数は大きく覆りました。子ども達の読みは深まり、「対比」についても再確認することができました。「大造じいさんの気持ちは？」では到底たどり着かない授業だったと思います。

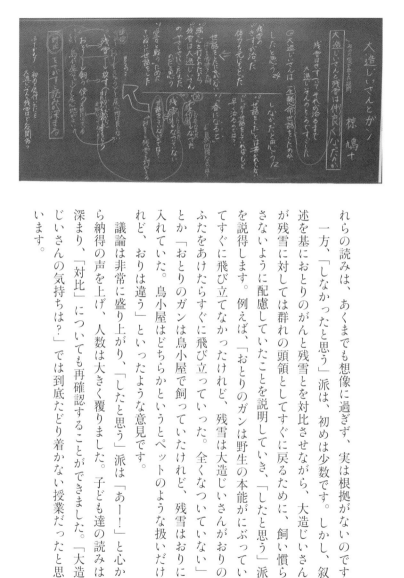

常識 6

低学年に主題を掴ませるのは難しい

提案

低学年なりの主題の掴ませ方をしていく

POINT

現行の学習指導要領では「主題」という言葉は用いませんが、物語の各要素（人物の変化、事件等）を総合して中心的なテーマを掴ませるような指導は高学年で行われるもの、という「常識」は存在しています。しかしながら、低学年でも主題のようなことを掴ませられますし、指導していくべきです。

「主題」とは何か

平成20年学習指導要領改訂から、「主題」という言葉が学習指導要領から消えました。

私が考えるに、子どもを教師の教材解釈に至らせるような授業を脱却するという主旨からこういったことが起こったのでしょう。これまでは「主題」というと、作者が作品に込めた絶対的なものだとされてきていました。しかし、それが「正解到達主義」と批判され、1980年代には読者一人一人の主題が許容されるべきという「読者論」が関口安義氏によって紹介され、今ではこれが主流となっています。読者論が議論されるようになったのは、私の生まれる前のことですが、文学授業にとって非常に大きな転換点でした。それまでの授業では、教師がもつ正解に子ども達を近づけていくのが正しいとされていたのが、子ども達一人一人に解釈をもたせることが推奨されるようになったのです。このような経緯で、同じ「正解到達主義」を繰り返さないために、未だに作者が作品に込めた絶対的なものと捉えられがちな「主題」という言葉が現在の学習指導要領に載っていないのです。

ところで、現在の学習指導要領には、学習過程が示されています。「構造と内容の把握」「精査・解釈」「考えの形成」「共有」という流れです。

この中で、「考えの形成」は、学習指導要領解説によれば「自分の既有の知識や様々な体験と結び付けて感想をもったり考えをまとめたりしていくことである」（36ページ）とありますので、「読者論に基づいた主題」といってよいと私は考えています。ですから、教師が以前の「主題」の捉えから、現在の「主題」の捉えへと転換することは、それだけで「概念常識」を乗り越えているとも言えます。

ここで、さらにもう一段階「常識」を乗り越えていきたいと思います。

それは、「主題は高学年が摑むものである」という「常識」です。

確かに、主題を読み取ることは、人物の変化や人物同士の相互関係、事件など様々なことを読み取り、それらを総合して捉える、複雑な行為です。

しかし、中学年や場合によっては低学年でさえも、工夫次第で主題を摑ませることができますし、摑ませていくべきだと考えています。教師側が「中学年や低学年には無理」と決めつけていては子ども達の可能性に蓋をすることになります。高学年のように明確に「この作品のテーマは……」などと述べることができなくとも、低学年でも「このお話は○○なお話だね。どんなところがそうかというと……」など、自分の読みを総合して話の全体の捉えを述べられるくらいにはなって、初めてその物語を「読めた」と言えると私は考えます。それに、これくらいのことは中学年・低学年の「考えの形成」として求められているはずです。学習指導要領の低学年「考えの形成」には、「感想をもつ」とあります。学習指導要領解説には「感想をもつとは、文章の内容に対して児童一人一人が思いをもつことである。読み手の体験は一人一人異なることから、どのような体験と結び付けて読むかによって、感想も異なってくる」(72ページ)とあります。「主題」という言葉は用いていませんが、これは「読者論に基づく主題」と捉えられるでしょう。低学年にも、完璧に「主題」とまで言わずとも、「主題のようなもの」を捉えさせることを視野に入れて指導していくべきなのです。

「常識」の問題点

「低学年に主題は難しい」として扱わないようにするのは、実は「読む」という行為自体を歪めてしまい、不自然なものにしてしまいます。これがこの「常識」の最大の問題点です。

このことに気づいたのが、森田信義（2008）の「学習指導要領で重点的に分離して掲げられている能力群は、段階的、系統的に指導される目標、内容ではなく、読むという複合的な活動を成立させるためには、同時に必要とされる、一つのまとまり（セット）としての能力群なのである」（10ページ）という文を読んだときのことです。ここでは、説明文指導に関してですが、「どうぶつの赤ちゃん」（光村1下）を指導する際にも、「要旨」についてさえ学習内容になって当然という旨が書かれていました。低学年では重点的に「大体」を読み取ることを指導しますが、それだけで「はい、読めたね」と指導を終えるのはおかしく、中学年の「段落相互の関係」や高学年の「要旨」なども、重点的でないにせよ「低学年なりに」指導すべきということが書かれていました。

私はこの森田氏の論に衝撃を受けました。同時に心から納得したのを覚えています。この論に加え、子ども達に培うべき読解力の内実を発達段階に応じて示した輿水実（1968）にて、「主題をとらえる技能」に「低学年」の項目があったことを思い出し、私は、「低学年に主題は無理」という「常識」を乗り越え、「低学年なりに主題を読ませていく」必要性をさらに痛感したのでした。

「常識」の長所

この「常識」の長所は、子どもに無理をさせず、各学年の重点的な指導事項を指導すること、学習させることに専念させられることでしょう。これはもちろん重要なことです。しかしながら、先に挙げた森田氏の言葉のように、重点指導事項だけを指導するのは無理があり、むしろ不自然です。重点的に指導はしつつも、各学年「なりに」主題も掴ませていくべきなのです。

「常識」を乗り越える

ここでは、無理せず「低学年なりに」主題を掴ませていく指導の工夫について二点紹介します。

一つが、輿水実（1968）に示されている「主題をとらえる技能」の「低学年」の項を援用する方法です。ここでは、「・寓話などから、その教えを読み取る技能」と書かれています。これを援用し、単元の最後に「このお話から学んだことは何かな」と発問するのです。例えば「スイミー」で尋ねれば、子ども達は「みんなで協力することが大切」とか「悲しいことがあってもくじけない」など口々に、主題のようなことを話してくれます。そんな姿を目の前にして、「低学年に主題は無

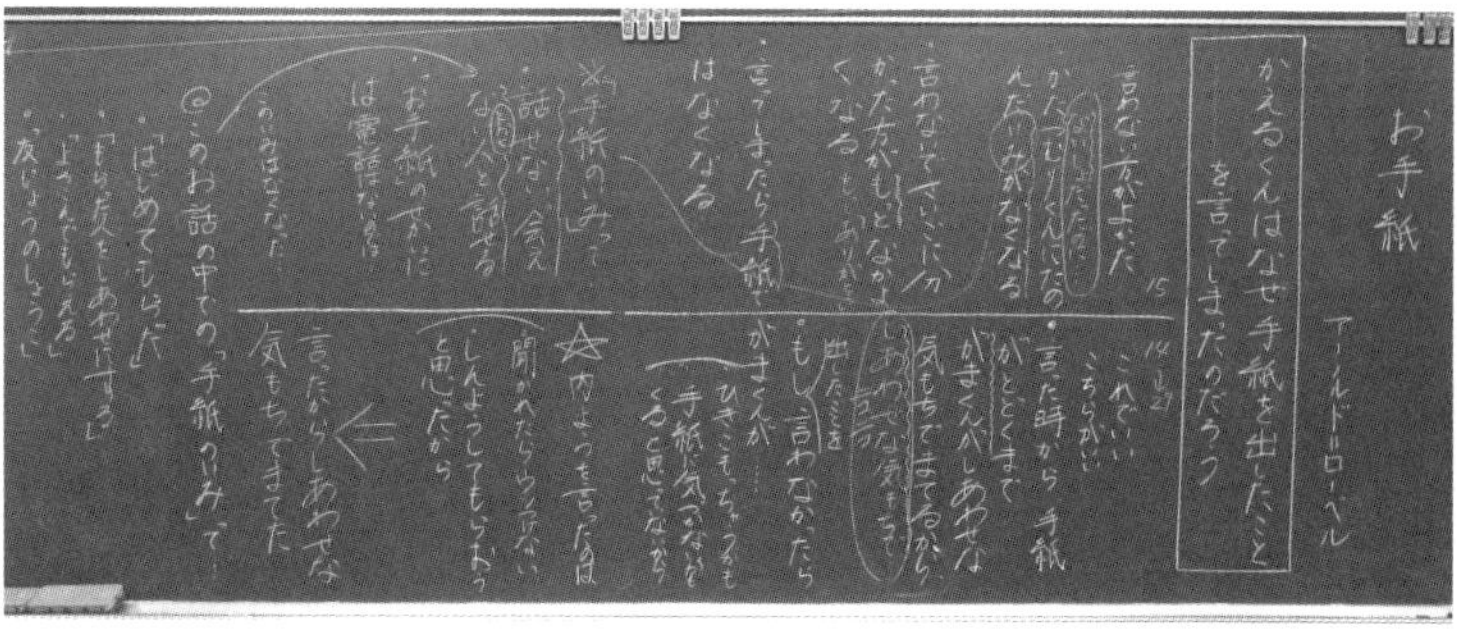

理」などという「常識」は私の中ですぐに吹き飛びました。

いま一つが、物語の核となる部分を自分の言葉で表現させることです。話し合いや教師とのやり取りをして読みを深めつつ、物語の核となる部分に対して、自分の捉えを言語化させるだけでも、十分「主題」に近づきます。例えば、上の写真は「お手紙」（光村2下）における「手紙の意味」について授業後半で考えさせたものです。授業前半では、「手紙を出したことを言わない方がよかったか」という話題で話し合いました。すると、「言わない」派から「言ってしまったら手紙の意味がなくなる」という意見がでましたが、「これでいい」派から「言ったから幸せな気持ちで待てた」と否定されました。その後、「たしかに、普通の手紙の意味ってなかなか会えない人と伝え合うってことだよね。でも今回は違う。じゃあ、このお話の中で手紙の意味は何なのかな」と投げかけました。「友情の証拠」など、子ども達がそれまでの読みを総合し、がまくんとかえるくんにとっての「手紙」の意味を表現しているのがよく分かります。

常識 7

「構造と内容の把握」を一度行う

提案

「構造と内容の把握」をしつこく行う

POINT

「構造と内容の把握」は、「精査・解釈」や「考えの形成」の段階での読みや話し合いを充実させるためにも重要なことです。一度授業で扱っただけではなかなか理解しきれない子もいます。一度だけでなく何度もしつこく扱っていくと、その子達の理解も深まり、その後の授業も参加しやすくなります。

一度扱っただけでは難しい「構造と内容の把握」

先述のように、現在の「学習指導要領〈国語〉」の「読むこと」では学習過程が示されています。繰り返しになりますが、「構造と内容の把握」「精査・解釈」「考えの形成」「共有」というものです。その中で、初めに位置付けられているのが「構造と内容の把握」です。

実は、この学習過程が学習指導要領で示される40年ほど前から、井上尚美（1983）では目標分析の枠組みを利用しつつ、国語科の「読むこと」の授業で用いられるあらゆる発問を分析し、言語能力を「事象認識」「関係の認識」「認識の深化・拡充」「価値づけ」という段階に分けられています。学習指導要領の学習過程も、井上氏の目標分析も、基本的には「書かれていることを読む」→「書かれていること同士の関係を読む」→「書かれていることを基に書かれていないことを推測する」→「評価〈考え〉」という段階を踏んでいるのが特徴的です。

私は、井上氏の論を既に大学院で学んでいたので、学習指導要領に学習過程が示されたとき、「やっと時代が井上氏に追いついた！」と喜んだものです。

ところで、「学習指導要領解説〈国語〉」35ページには「指導の順序性を示すものではない」こと、「必ずしも順番に指導する必要はない」ことが示されています。しかしながら、基本的には読みの次元が低いものから高いものへと、つまり書かれていることを読み取ることから書かれていること同士の関係を読み取り、やがて書かれていることを基に書かれていないことを推測できるようにしていくのが、理にかなっており、子どもにも無理をさせない単元構成になっていくと、私は考えています。もちろん、初めに文章の評価をさせ、それを交流しながら、子どもの問題意識を醸成し、「構造と内容の把握」や「精査・解釈」を扱っていくという逆向きの単元設計も考えられます。しかし、それはかなり難しいことですし、まずは「低次の読み」→「高次の読み」と単元をつくっていくことが大切だと思います。

その上で、重要になってくるのが「構造と内容の把握」です。井上氏の枠組みで言えば「事象認識」「関係の認識」に当たります。書かれていること及び書かれていること同士の関係を読み取る段階です。

ここを疎かにして「精査・解釈」の段階を扱うと、文章内容や構造をしっかり理解していないのに、筆者の意図や段落の必要性などを推測することになります。これでは砂上の楼閣を築くようなものです。私も以前ここを疎かにして、たくさんの失敗をしました。

「常識」の問題点

ですから、一般的には単元の序盤で文章内容や文章構成の確認が行われます。問題なのは、一度確認したくらいでは、理解しきれない子達が多くいるということです。

ここの段階が怪しくなると、その後の「精査・解釈」での話し合いについていけなかったり、叙述に基づかない的外れな読みをしてしまったりすることになります。

結果的に、賢い子達だけで進む授業になってしまいます。

我々教師のほとんどは、なるべく多くの子が授業に積極的に参加できるようにしていきたいと、思っているものです。

しかし、「構造と内容の把握」の段階の理解が甘いと、その実現が難しくなってしまうのです。

「常識」の長所

だからといって、毎時間「構造と内容の把握」をやっていたら、「精査・解釈」を扱う時間がなくなるではないかというご指摘がありそうです。

それはごもっともです。

「構造と内容の把握を一度扱う」というのは、その次に「精査・解釈」の段階へと進むということを表すので、単元の見通しを教師がもちやすく、単元を設計しやすいという長所があると言えるでしょう。単元の設定時間内に、一応すべての学習過程を踏めるということです。

しかしながら、繰り返しになりますが、一度それぞれの学習過程を踏んだだけでは、ついて来られない子がいて、文章内容が高度になればなるほど、その割合は高くなります。一度すべての学習過程を踏んだからといって、その初めに位置している「構造と内容の把握」が怪しいと、その次の段階からはさらに……ということは想像に難くありません。

「常識」を乗り越える

この「常識」を乗り越えるには、授業スタイルを転換する必要があります。前時に指導したことは、全員が理解したという前提で次の段階にすぐに入るのではなく、前時に指導したことも本時の初めに復習的に扱いつつ、土台を固めて次の学習に入っていくというスタイルです。

具体的に言えば、「構造と内容の把握」を全時間に帯活動的に入れていくということです。「精査・解釈」段階でも「考えの形成」段階でも、「構造と内容の把握」の復習をこまめに、かつスピーディーに入れていくのです。

例えば、次ページの写真は「すがたをかえる大豆」（光村3下）で「豆乳の事例がないことの是非」を話し合うことを通して、筆者の事例の選択の意図を推測する「精査・解釈」段階の授業です。

しかしながら、板書をご覧いただければ分かるように、すぐに本時の学習課題に入っていません。右側3分の1では、カードを使って、どんな事例がどんな順で、どのような分類がなされて出されているかを確認しています。つまり、「構造と内容の把握」の復習をしているわけです。

授業が始まるとすぐに私が「どんな事例が出てきたか言える人？」と子ども達に尋ねます。この

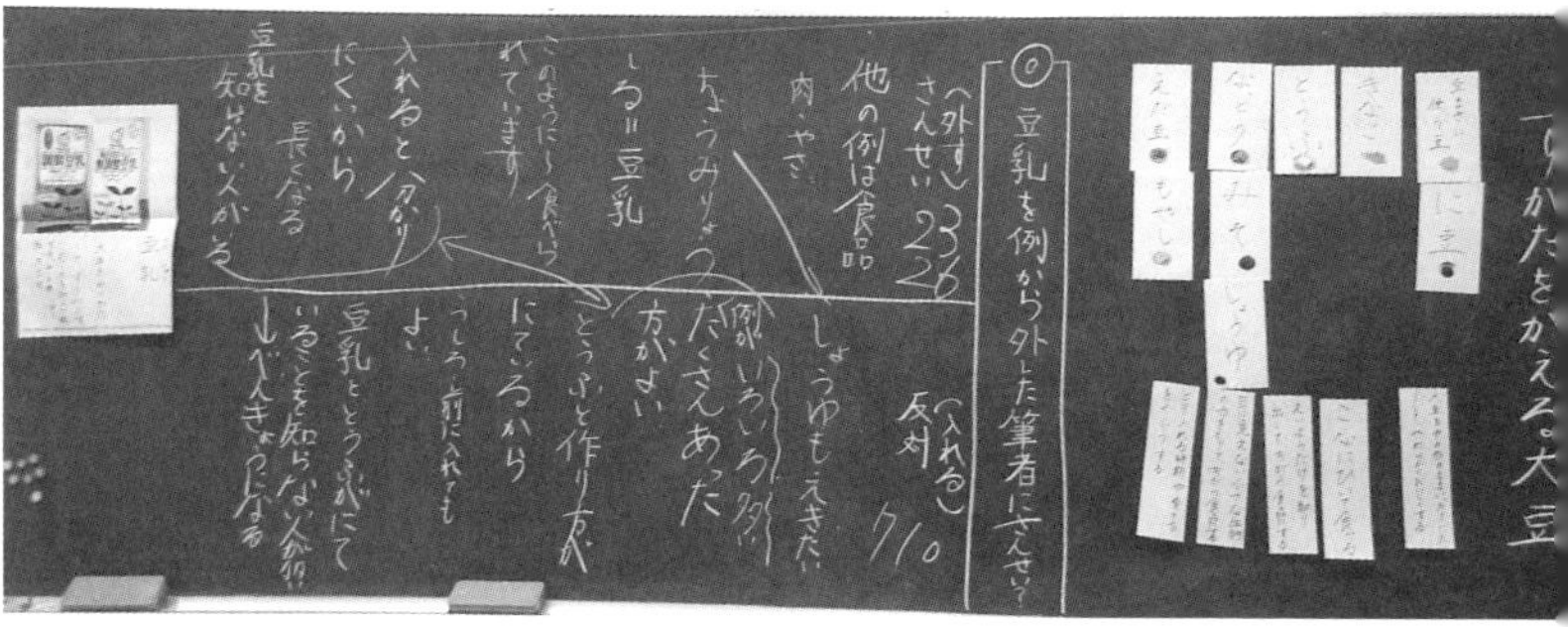

ときは全員が勢いよく挙手しました。それくらい、全員にきっちり「構造と内容の把握」について徹底していくことは、その後の本時の学習課題について考えるときに全員を参加させる上で、基礎を固めるという意味で、重要となってきます。全員を同じ土俵の上に乗せるわけです。

そして子ども達はテンポよく、「煮豆です」「きなこです」などと答えていきます。その上で「いったりにたりして食べる工夫」「こなにひいて食べる工夫」などと分類をしていきます。途中、順序や分類をわざと私が間違えて、子ども達にそれを訂正させるなどのやり取りを入れるなどしながらも、スピーディーに行い、約3～5分程で完成させていきます。この時間は既に単元の後半に差しかかっていますから、もう何度もこのやり取りを子ども達はしてきているわけです。かかる時間もどんどん短縮し、全員が自信をもって挙手するようになっていきます。これくらい「構造と内容の把握」がしっかりできているので、本時の高度な話し合いも多くの子が参加できるのです。

常識 8

教材を絶対的に正しいものとして扱う

提案

ときには教材に批判的な目を向ける

POINT

説明的文章指導において、書かれている文章が絶対的に正しいものとして扱うと、授業が縮こまったものになります。ときには批判的な目で教材を読ませてみることで、逆に文章のよさに気づけたり、自分が書くときに気を付けることが見つかったりします。

教科書に載っているから全て正しい⁉

文章は人間が書くものですから、絶対的に正しい、欠点がなく完璧な文章であることなどあり得ません。教科書に載っている説明的文章だって同様です。

もちろん、その道で有名な筆者が執筆し、多くの方が検討した結果、教科書に載っているので、素晴らしい文章であることには間違いはないのですが、決して完璧なものなどではないのです。

しかしながら、教科書に載っているからという理由で「完璧なもの」として捉えてしまうと、教材文から学ぶ、筆者から学ぶ、という受動的な姿勢での授業になってしまいます。そこでの子ども達の思考は、「文章にはこう書いてあるから……」とか「筆者はこう言っているから……」という、自分の外に考えの基準を置いたものです。

叙述を基にするという観点からは、そういう姿勢も大切なのですが、さらに重要なのは文章を読んで「自分は」どう考えるかです。受動的に情報を受け取るだけでなく、主体的に情報を解釈できるようにしていきたいものです。

そのためには、教材文に対してときには批判的な目を向けさせてみることも大切になってきます。

私がこのように考えるようになったきっかけは、恩師・長崎伸仁先生のご実践を伺ったことでした。説明文指導の大家であられた長崎先生は、「説明文は自由に扱ったらいい」「もしも間違いがあったり違和感があったりすれば、子ども達と話し合って訂正してもいいんだ。現にそういう実践をして、教科書会社に報告したら、次の改訂で文章が訂正されていた」ということを生前よくおっしゃっていました。

それまでは、当然のように、教科書に載っている文章を絶対的に正しいものとして扱っていました。教師である私がそのような姿勢なので、子ども達も同様でした（実は、この教師の絶対視傾向は対教科書だけでなく対指導書にも見られます。教師が、教科書だけでなく指導書に載っている指導案を絶対的に正しいものとして捉える傾向です。指導書に載っている指導案は多くが優れたものだと思います。特に学習のねらいに関してです。しかし、学習活動等は大きく改善の余地があります。子ども達の実態に合わせる必要があるからです。それなのに、絶対視してしまうと、なかなか授業も上手くいきません）。

そのような姿勢では、文章内容は読み取れても、批判的思考力はなかなか育ちません。

「常識」の問題点

教材文を絶対視すると、教師も子どもも、教材から学ぶ、筆者から学ぶという姿勢のみになっていきます。それは特に低学年では重要なことですが、それだけでは「本当にそうかな」「それってどういうことだろう」などと考える批判的思考力は育ちません。

まずは教師自身が、教材文を絶対視しないことから始めていく必要があります。

「常識」の長所

教材文から学ぶ、筆者から学ぶということが徹底できることが、この「常識」の長所です。

主に低学年では、まずは教材文から学ぶことが重要です。もちろん、中学年、高学年も、まずは書かれていることや筆者の意図をしっかり理解することが大切であり、その上で批判的に見ていくようにしないと、単なる「揚げ足取り」になってしまいます。ここは重々気を付けなければなりません。しかしながら、いつまでも教材を絶対視して、服従していては、授業や子ども達の読みは「教材内」に留まらざるを得ず、縮こまったものになります。「筆者はこう言っているけれど、本当にそうかな」「自分はどう考えるかな」というような批判的な読みもさせていくようにしましょう。

「常識」を乗り越える

吉川芳則（2017）によれば、よいことはよいと評価することが本当の意味で「批判的」であるとされています。そうとは知らず、子ども達に否定や指摘ばかりさせていては、単に粗探しの上手な子に育ってしまうだけです。

ですから、「常識」の長所である文章や筆者から学ぶ姿勢はもちつつ、つまりよさは大いに学びつつ、ときには批判的な目を向けてみる、という中道的な指導をしていくことが重要でしょう。

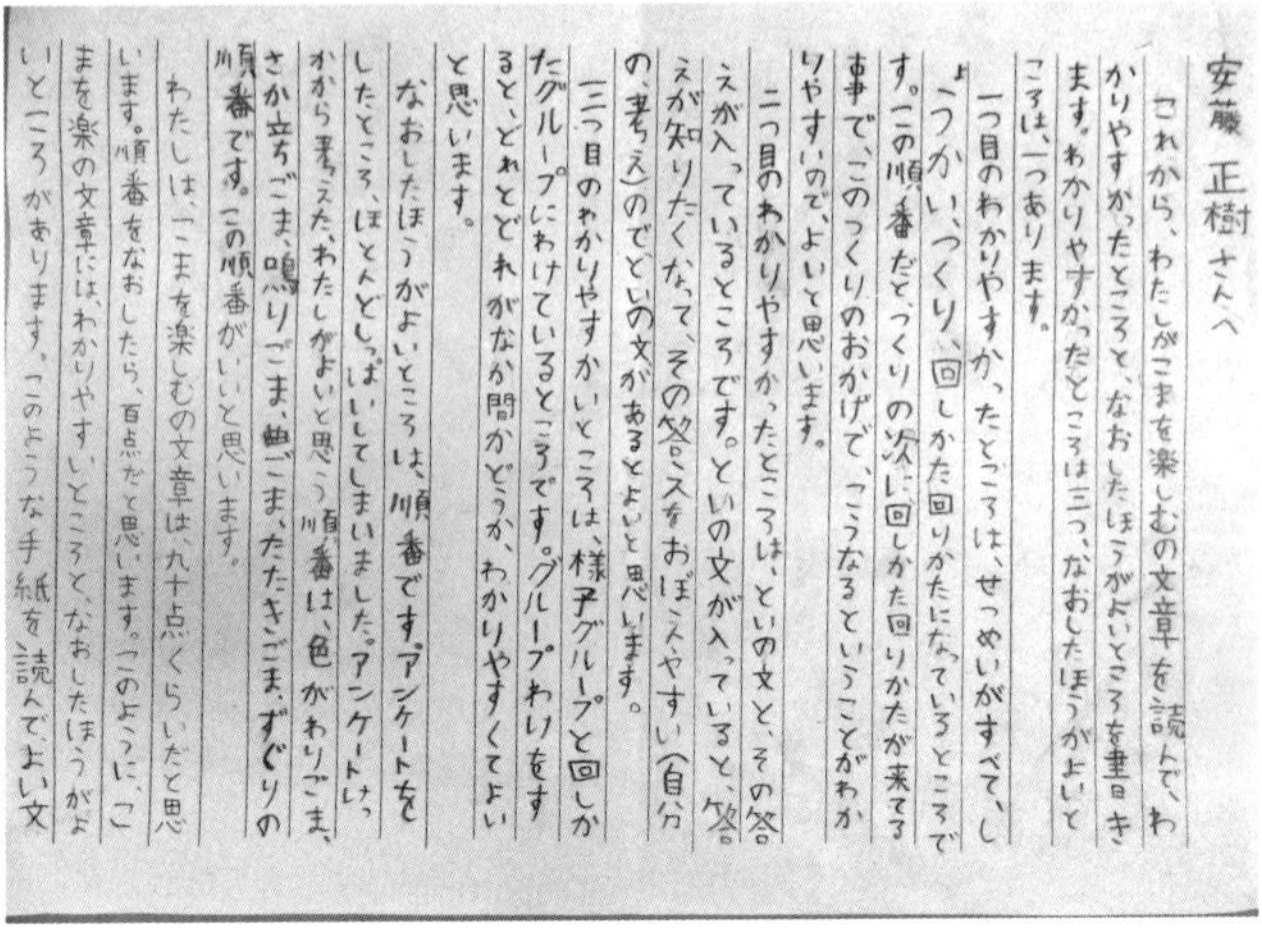
安藤 正樹さんへ

これから、わたしがこまを楽しむの文章を読んで、わかりやすかったところと、なおしたほうがよいところを書きます。わかりやすかったところは三つ、なおしたほうがよいところは、一つあります。

一つ目のわかりやすかったところは、せつめいがすべて、しょうかい、つくり、回しかた回りかたになっているところです。この順番だと、つくりの次に回しかた回りかたが来てる事で、このつくりのおかげで、こうなるということがわかりやすいので、よいと思います。

二つ目のわかりやすかったところは、といの文と、その答えが入っているところです。といの文が入っていると、答えが知りたくなって、その答えをおぼえやすい(自分の考え)のでどいの文があるとよいと思います。

三つ目のわかりやすかいところは、様子グループと回しかたグループにわけているところです。グループわけをすると、どれとどれがなか間かどうか、わかりやすくてよいと思います。

なおしたほうがよいところは、順番です。アンケートをしたところ、ほとんどしっぱいしてしまいました。アンケートけっかから考えた、わたしがよいと思う順番は、色がわりごま、さか立ちごま、鳴りごま、曲ごま、たたきごま、ずぐりの順番です。この順番がいいと思います。

わたしは、こまを楽しむの文章は、九十点くらいだと思います。順番をなおしたら、百点だと思います。このように、こまを楽しむの文章には、わかりやすいところと、なおしたほうがよいところがあります。このような手紙を読んでよい文

上は、「こまを楽しむ」（光村3上）の三次で、筆者宛てに手紙を書かせたものです。批判的な読みをさせるといっても特に中学年では「文章や筆者のよさ」を主に授業で扱い、その上でほんの少し「批判的な読み」もさせるくらいでちょうどよいでしょう。上の文章でも、文章のよさや分かりやすさを中心的に論じさせています。それは、二次の授業で中心的にそれらを扱っているからです。

その上で、一つだけ「直したらもっとよくなる」ということを、筆者に「提案」する形で批判させていています。この子は二次で「知っているこま」アンケートを学校中でとり、その結果から、「読者がよく知っている順」にこま（事例）を並べ替えるとよいのではないかと提案しています。このように、批判させるにしても、しっかりと文章のよさを理解し、何らかの根拠（この場合はアンケート結果）をもって批判させるようにした

いものです。

　下は、「想像力のスイッチを入れよう」（光村5）で、批判的な読みを扱った授業の板書です。ここでは、筆者の主張や説明の工夫を扱った後、二次の終盤で「この説明文は100点かな」と投げかけ考えさせています。批判的読みをさせるのは、小学校では高学年が中心になると思いますが、必ずしも「ここはおかしい」などと否定させる必要はなく、「100点だ」と考える子がいても全く問題ありません。むしろ、「ここはおかしい」と考える子が指摘したところを、筆者になり代わって説明し、クラス全体の読みがさらに深まっていくことが多々あります。例えば「私達の学校にはマラソン大会はないしなぁ（100点ではない派）」→「あくまで例だしね。運動会の徒競走ならあるよ（100点派）」といった感じです。こういった中から、「『メディアはわざとしているわけではない』は、言い切りすぎていて、想像力のスイッチ入っていないんじゃない？」など、100点満点派もうなるような、私も「確かにな……」と思わされるような的を射た批判が出てくるのです。

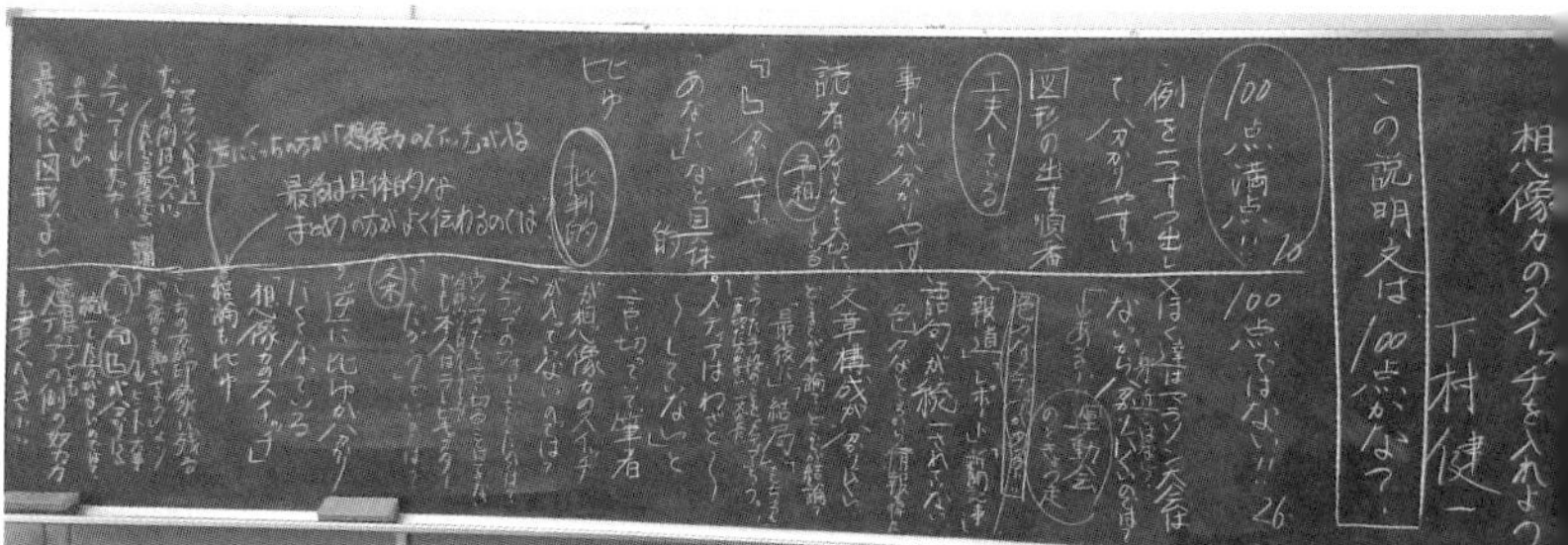

常識 9

三次では、
文章内容に合った説明文を書かせる

提案

三次では、学習した論理（書かれ方）を活用して説明文を書かせる

POINT

特に中学年までの説明文指導では、三次において、学習した説明文の説明内容に沿って、子ども達にも説明文を書かせることが多いです。しかし、説明内容よりも説明の仕方、論理を活用して他のテーマで説明文を書かせる方が、子ども達も自分の興味・関心に沿って説明文を書けて、二次で学習したことの定着にもつながるのではないでしょうか。

内容発展型の三次の活動

説明文の学習で避けたいのが、文章内容だけを読みとって終わる学習です。「すがたをかえる大豆」（光村3下）であれば、子ども達は大豆について詳しくなって終わりというような授業です。

言葉の学習を行うべき国語科の授業ですから、もちろん文章内容は大切にしつつも、それだけでなく、どう書かれているかという説明方法や論理展開などもしっかり学習させていきたいところです。

よく「教材を」教えるのか、「教材で」教えるのか、ということが教育の世界では言われます。国語科は、特にこのことを強く意識した方がよい教科です。

大豆について読み取って終わりでは、教材内容を教えただけに過ぎないので「教材を」教えたということになります。

一方、大豆について読み取りつつ、それがどのように書かれていてどのような効果があるのかということまで考えることができて初めて「教材で」教えたと言えます。

教科書に載っている文章は、文学も説明文も魅力的な内容のものが多いです。ですから、ややもすると、文章内容を子どもに読み取らせて終わりという「教材を」教えたに過ぎない授業に陥ってしまうことがあるのです。

さて、このような前提に立った上で、ここでは三次の学習活動について、つまり単元のゴールについて考えていきたいと思います。

特に低学年～中学年ごろには、三次（あるいは四次）では教科書で学習した説明文に倣って子ども達も説明文を書く学習が設定されることが多くあります。例えば、説明文で自動車が扱われていたら自動車についての、食品が扱われていたら食品についての説明文を子ども達も書くということです。

このような文章の内容を発展させて書かせる三次の活動を「内容発展型」と呼びましょう。

「常識」の問題点

この「内容発展型」の三次の学習活動の問題点は何でしょう。

一つは、子ども達の興味・関心が必ずしも文章内容にない場合もあるということです。文章に自動車が出てくるから、動物が出てくるから、食品が出てくるからといって、子ども達の全員がそれらに興味をもち、それらに関してさらに自分で調べて文章を書きたいと思うかといえば、そうとは限らないのが実状でしょう。もちろん、文章内容に興味をもつ子もいるでしょうし、いていいのですが、そうでない子達も意欲的に書けるようにしたいものです。

二つは、二次で学習した書かれ方や論理を生かしにくい場合があるということです。例えば「こまを楽しむ」（光村3上）では、様々な事例が出され、分類されたり配列されたりしています。そのことを二次で学習するのですが、三次で自分の好きなこまについて調べて説明文を書くとすれば、こまをいくつも調べてそれを分類したり配列したりしなければなりません。しかし、既に本文に6種類も出てきているので、それ以外のこまを複数調べるのはなかなか難しくなります。そうすると、1種類のこまを調べて書くことが現実的になり、事例の分類や配列などは個人では考えることができなくなります。「じどう車くらべ」（光村1下）や「どうぶつの赤ちゃん」（光村1下）でも同様です。

「常識」の長所

一方、「常識」の長所についても考えておきましょう。この説明文を「書く」という活動自体はとてもよいと思います。低学年〜中学年は、筆者「から」学ぶ割合がほとんどです。ですから、筆者の説明の仕方や考え方を活用して自分でも実際に書いてみることで、ただ読んでいたときよりもさらに学びが深まります。「読める」をゴールにするよりも、「書ける」をゴールにする方が、はるかに明示的に指導すべき内容を指導しなくてはなりません。結果的に子ども達に学ばせたいことが定着するのは、「書かせる」ときなのです。

「常識」を乗り越える

説明文を書くことの長所を生かしつつ、「常識」の問題点を乗り越えるため、私は文章内容を発展して説明文を書かせる「内容発展型」の活動から、筆者の用いた論理を活用して説明文を書かせる「論理発展型」に転換しました。

学習した書かれ方や論理、説明の工夫を生かして、自分の興味・関心に沿ったテーマでも書いてよいことにしたのです。

例えば、次ページの写真は「どうぶつの赤ちゃん」（光村1下）の三次で書かせた説明文です。これを見ると、多くの先生は「どうぶつの赤ちゃんなんだから、どうぶつについて書かせるのではないの？　本当にどうぶつの赤ちゃんの単元で書かせたの？」と思われるでしょう。

しかし、私はこの年、1年生であっても「論理発展型」の三次を設定しました。この子は、文章内容の動物よりも、筆者が事例の順序に気を付けながら、対比的に説明していることに興味をもちました。その論理を活用して、自分が好きな、星について書いてみたい！　と熱望したのでした。

家から自分の図鑑を持ってきたり、図書室で調べたりして、夢中で説明文を書きあげていました。

もちろん、このとき「動物」について興味・関心をもった子達は、動物をテーマにしてもよいことにしました。その際は、一種類ではなく二種類調べて、二次で学習した事例の順序に気を付けて

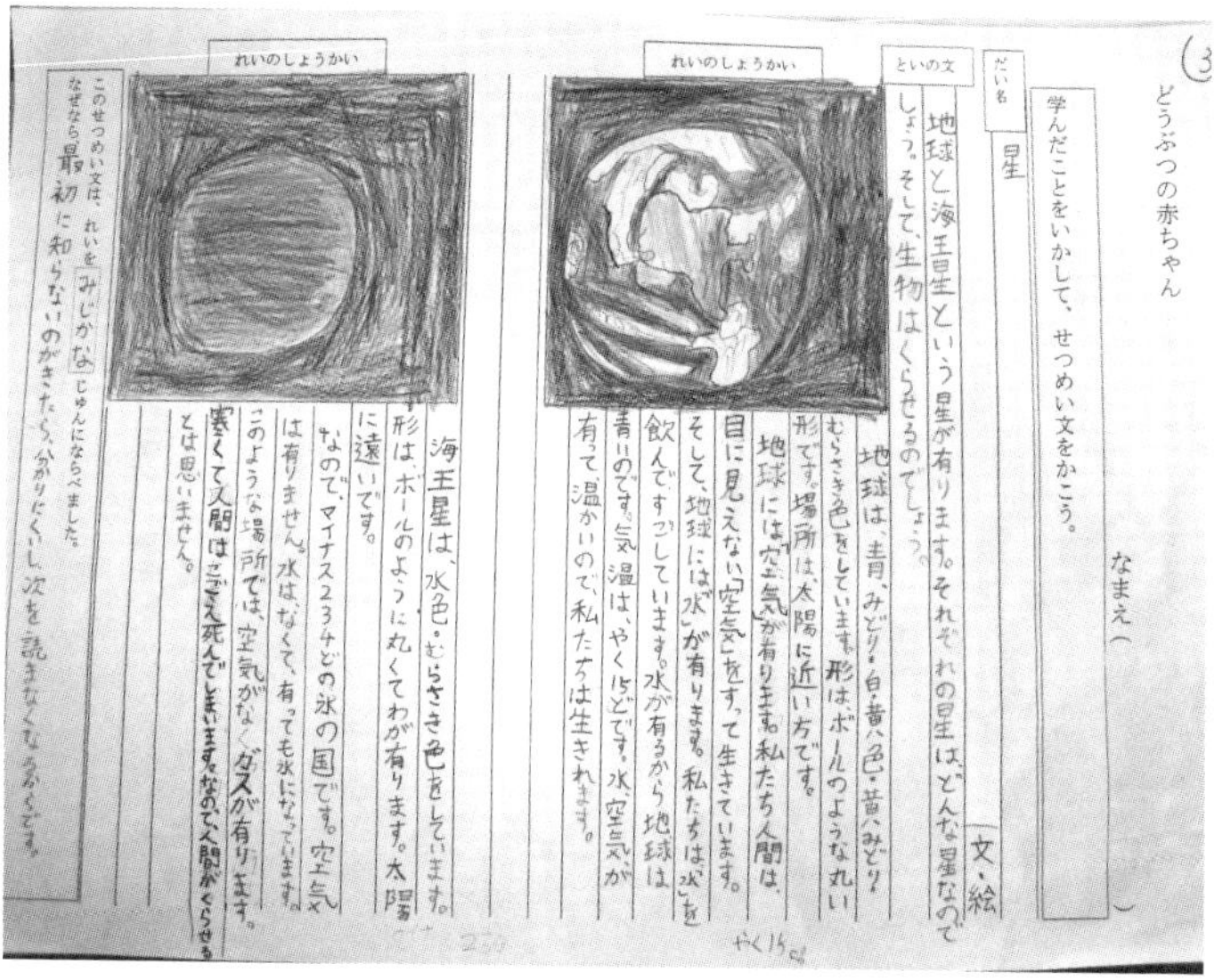

書くことにしました。クラスの三分の二は動物について調べていました。逆に言うと、三分の一は、「自分の好きなテーマで書いてみたい」と考えたわけです。好きなテーマを選んだ子を含め、クラス全員が説明文を書き上げることができました。

さらに説明文の最後には、「説明文の説明」を書かせるようにしました。「この説明文は、事例を～～な順にしました。なぜなら～～」というように、書かれ方や論理に関して解説させるのです。これも、「論理発展型」にするための手立ての一つです。

このように「論理発展型」にすることで、子ども達はより意欲的に取り組み、二次で学習した論理や書かれ方に関する学習内容もしっかり定着しました。

常識 10

要約や要旨は一つの決められた文字数で書かせる

提案

要約や要旨は複数の文字数パターンで書かせる

POINT

要約や要旨は、教科書の手引きに示された文字数以内で書かせることが多いです。しかしその文字数は本当に適しているでしょうか。その文字数だけでまとめさせる意味はあるのでしょうか。むしろ、様々な文字数でまとめられる方が文章内容を本当に理解できていると言えるのではないでしょうか。

望ましい要約や要約の在り方とは……

中学年や高学年になると、説明文を読んで重要なところを短くまとめる要約や要旨の学習があります。

例えば、光村図書の教科書では、4年には「要約するとき」という単元があり、既習の「思いやりのデザイン」を100字程度に要約する学習活動が設定されています。また、5年では「言葉の意味が分かること」の要旨を150字以内にまとめる学習活動が設定されています。

要約や要旨をまとめることが説明文を読み取る上で重要なのは、周知の事実です。

しかし、なぜ重要なのかを考えたことがあるでしょうか。

もちろん、短くまとめられること自体も、説明文を読む力として重要です。もっと重要なのは、短くまとめる過程で、外してはいけない「重要なところ」は何かを考えたり、「どこが事例（具体）でどこが主張（抽象）」なのかを考えたりすることです。

つまり、短くすること自体が目的となる場合もありますが、それ以上にその過程で筆者の主張を読み取ったり、文章内の具体と抽象を捉えたりすることが重要であり、目的となるべきです。

このように考えたとき、一つの決められた文字数だけにまとめさせるのは「とりあえずその文字数にすればよい」と、まとめること自体が目的となりやすく、その過程での学びが薄くなりがちだということに気づかされます。むしろ、色々な文字数で文章内容をまとめられる方が、「具体と抽象」や「絶対に外せないこと」などを強く意識できるのではないでしょうか。

ある本を一冊読んだ人がいるとします。その人に「一言で言うと、どんな内容？」と尋ねても答えがサッと返ってきたり、「もう少し詳しく教えてくれない？」と尋ねても即座に適度な長さで答えてくれたりしたら、この人は本当に理解しているのだなと感じますよね。さらに「もっと教えて！」と聞けば、「この本には、こんな例が載っていてね……」などと、もう少し長く話してくれることでしょう。こういう人は、しっかり筆者の主張を捉え、具体と抽象を捉えているのです。だから、求められている長さ（文字数）に応じて具体と抽象を自在に使い分けながら、話すことができるのです。要約や要旨を適切にできる、その過程での学習がしっかり身についている、というのはこういう姿をいうのではないでしょうか。

話を進める前に、要約と要旨の定義についてもふれておきたいと思います。「学習指導要領解説（国語）」に目を向けると、次のようにあります。

要約するとは、文章全体の内容を正確に把握した上で、元の文章の構成や表現をそのまま生かしたり自分の言葉を用いたりして、文章の内容を短くまとめることである。（109ページ）

要旨とは、書き手が文章で取り上げている内容の中心となる事柄や、書き手の考えの中心とな

る事柄などである（146〜147ページ）

「要旨」の定義の中で目立つのが「中心」という言葉です。要約では、「文章全体の内容を正確に把握」することが求められていますが、要旨では「内容の中心」や「考えの中心」を捉えることが求められています。文章全体の構造を捉えることが重要だということです。このことから、要約は各段落の要点を繋げていったもの、つまり各部分を合わせたものでもよいのですが、要旨は文章全体の中心、つまり筆者の主張等を正確に捉える必要があるのです。これらも、中学年や高学年の指導事項に適しており、やはり要約や要旨を書く過程こそ重要だと改めて分かります。

「常識」の問題点

一つの文字数に絞ろうとするとき、正解とされる要約や要旨がかなり絞られてしまいます。そうすると、子ども達の中で、この文章の要約や要旨はこうでなくてはいけないんだと固定的に捉えてしまいます。先述のように、要約や要旨をまとめる際、その過程で「具体と抽象」などを適切に捉えて処理し、自在に文字数を調整できるようになる方が、はるかに読む力も高まっていると言えます。

「常識」の長所

一つの決められた文字数で要約や要旨を書かせる際、長所は子ども達が取り組みやすく、教師も指導しやすいということが挙げられるでしょう。

ここで採用される文字数はおそらく教科書の学習の手引きに書かれている文字数でしょうから、幾人もの大人が、何度も検討を重ねて「妥当」とした文字数です。ですから子ども達が取り組みやすい文字数であることは間違いないでしょう。

また、教師側も、一つの決められた文字数に絞らせるように指導ができるので、ポイントを全体指導しやすく、管理しやすいという長所もあります。

「常識」を乗り越える

この「常識」を乗り越えるため、堀裕嗣（２０１６）を参考に、要約や要旨は、まず教科書の手引きにある文字数でまとめさせるように指導をした後、それができた子には数種類の文字数のパターンを与えて、それに向けてまとめさせるようにしています。

次ページの写真は、「固有種が教えてくれること」（光村５）で要旨をまとめたときの授業の板書です。

教科書の学習の手引きには１５０字とありました。筆者が取り上げている内容や主張の中心を書

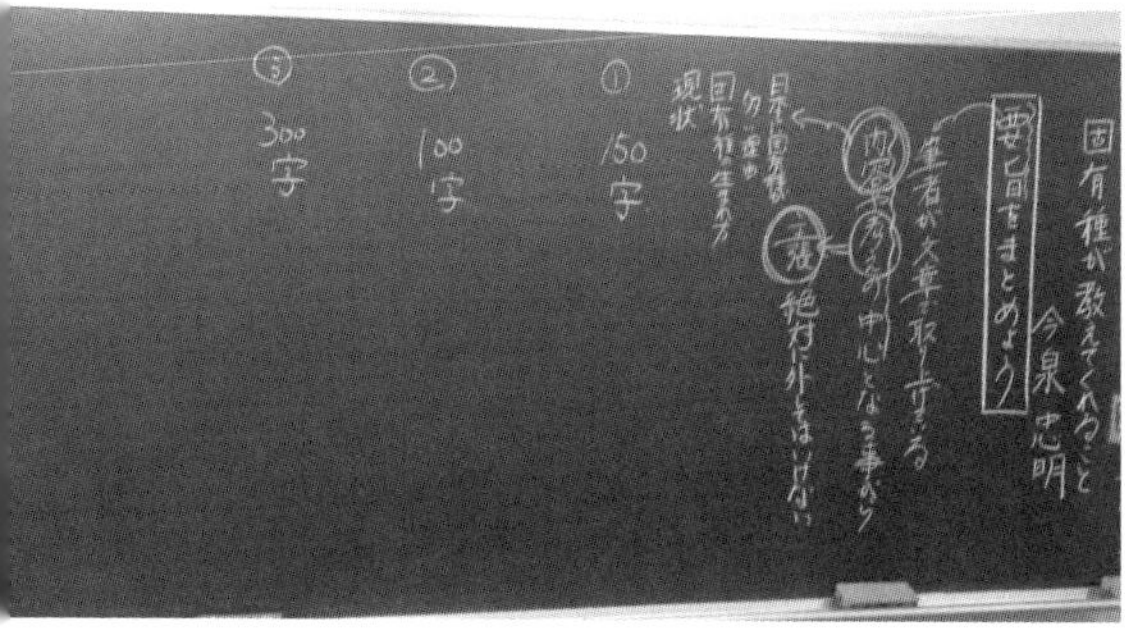

くとちょうどよい文字数になっています。全体指導ではその文字数に向けての指導をした後、一人ひとり、端末を使って書かせました。文字カウントを利用するためです。そして、できた子から私に見せ、合格した子は次に100字でまとめるという課題を出しました。100字でまとめるには、内容や主張の中心をさらに絞って書かなくてはなりません。その過程で「より中心は、より重要なのは何か」という思考が働くわけです。

100字が合格した子は、300字に挑戦します。この文字数でまとめるには、今度は逆に内容や主張の中心を少し膨らませて詳しく述べなくてはなりません。場合によっては簡単に事例を出してもよいですね。

子ども達は、非常に熱中して考え、「次の時間もやりたい！」と言っていました。

ちなみに、100と300という数字はいい加減なものではなく、私が事前に150字よりもそれぞれ「少し簡潔に」「少し詳しく」書いた要旨を基にしています。子ども達が意欲的に、本質的に学習に取り組めるようにするには、このような教材研究は不可欠です。

常識 11

段落構成図（文章構成図）を使う

提案

段落ピラミッドを使う

POINT

段落と段落との関係を理解し、表現するために、多く使われるのが段落構成図（文章構成図）です。しかし、この段落構成図は、文章の流れを摑むのには適していますが、万能ではありません。筆者の主張を摑み、事例との関係性を理解するのが重要な高学年では「段落ピラミッド」の方が適していると思います。

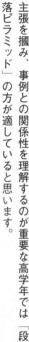

段落構成図で文章全体の構造をつかめる？

10年前、私が初任者のときには、指導書を見ると必ず段落構成図（文章構成図）が載っていました。以下のようなものです（光村4年「世界にほこる和紙」を段落構成図にしたもの）。

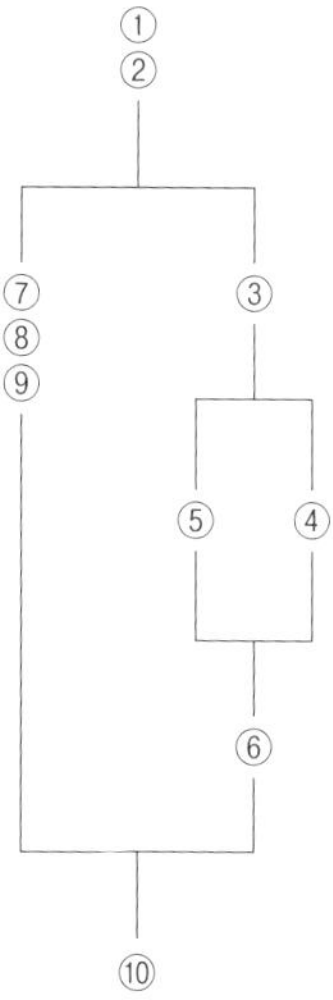

文章構成図は「文章の流れ」に主に目を向けたものです。

事例は横に並べ、まとめや問題提示などで話が進む場合は縦に書いていく、という具合です。子どもたちは文章構成図を使うことによって、「文章の流れ」を摑むことができます。つまり、今話が進んでいる（縦方向に行く）のか、事例が出されている（横に並べられている）のか、という流れが分かるということです。中学年の指導事項である、「段落相互の関係」を理解し表現することに適していると言えます。

しかし、高学年になると、学習指導要領にもあるように「段落相互の関係」だけでなく、そこをベースにさらにレベルアップして「文章全体の構成を捉え、要旨を把握する」（107ページ）ことが求められていきます。

高学年の方が中学年よりも「文章全体」を概観し、「筆者の主張」を的確に捉えることが求められていると言えるでしょう。

このように考えたときに、高学年で文章全体の構成を掴ませたり、要旨を把握させたりするには、「段落構成図」では不十分だということに私は気づきました。

あくまでも文章の流れ通り①段落から順に上から下へと書いていく「段落構成図」では、文章の流れやどこが事例かが分かったとしても、事例と意見との関係性やどこが主張でどこがそれを支える事例か、などというところまでは表現しきれないのです。

「常識」の問題点

段落構成図では、文章全体を概観し、筆者の主張を捉え、どこが主張でどこが事例かなど、文章を立体的に見ていくことはできないのが問題点です。どうしても①から順に流れを書いていくことしかできないからです。

「常識」の長所

3年生くらいまでの説明文では段落構成図で十分だと思います。ここまでの説明文は基本的に事例列挙型であり、事例が列挙され、まとめの段落がくる流れになっています。しかし、4年生後半くらいから高学年にかけては、事例の列挙と事例のまとめで文章は終わらず、それを通して筆者が主張したいことを述べた段落が存在するようになります。

それまでは「事例→まとめ」という構造だったのが、「事例→まとめ→主張」という構造になるのです。つまり、筆者が事実だけでなく、より自分の意見を述べるようになってきているということです。学習指導要領では「事実と意見」を区別することが高学年の指導事項になっています。段落構成図では、文章の流れは分かりますが、筆者の主張をどの段落で事実（事例）を出すことによって説得力を高めているかまでは分からないのです。

「常識」を乗り越える

そこで、私が高学年用に考案したのが「段落ピラミッド」です。

「段落ピラミッド」とは、今や教育界でも浸透しつつある「ピラミッドストラクチャー」という思考ツールを援用し、小学生指導用にアレンジしたものです。

かの有名な外資系コンサルティング会社マッキンゼーで入社一年目に叩き込まれることで有名になったピラミッドストラクチャーは、一番上にそのプレゼンテーションで「最も主張したいこと」が位置づけられます。そして、その下にそれを支える「根拠」がきます。根拠は下のものほど具体的になります。つまり上が「抽象」で、下が「具体」です。上の段に対して下の段は、「(下の段の事実）……だから（上の段のこと）が言える」という関係が、下の段に対して上の段は、「（上の段のこと）は、なぜそう言えるかというと……（下の段の事実）だからである」という関係が成り立つように構成したものです。

私は、そんな「ピラミッドストラクチャー」を援用して、説明文の各段落をピラミッドの形に再構成させる「段落ピラミッド」を考案しました。

書き方は、まずピラミッドの一番上に筆者の主張を位置づけます。最も抽象的な段落です。

その下にはそれらを支える事例や事例のまとめの段落を配置させていきます。

主張の下の段には、事例のまとめがきま

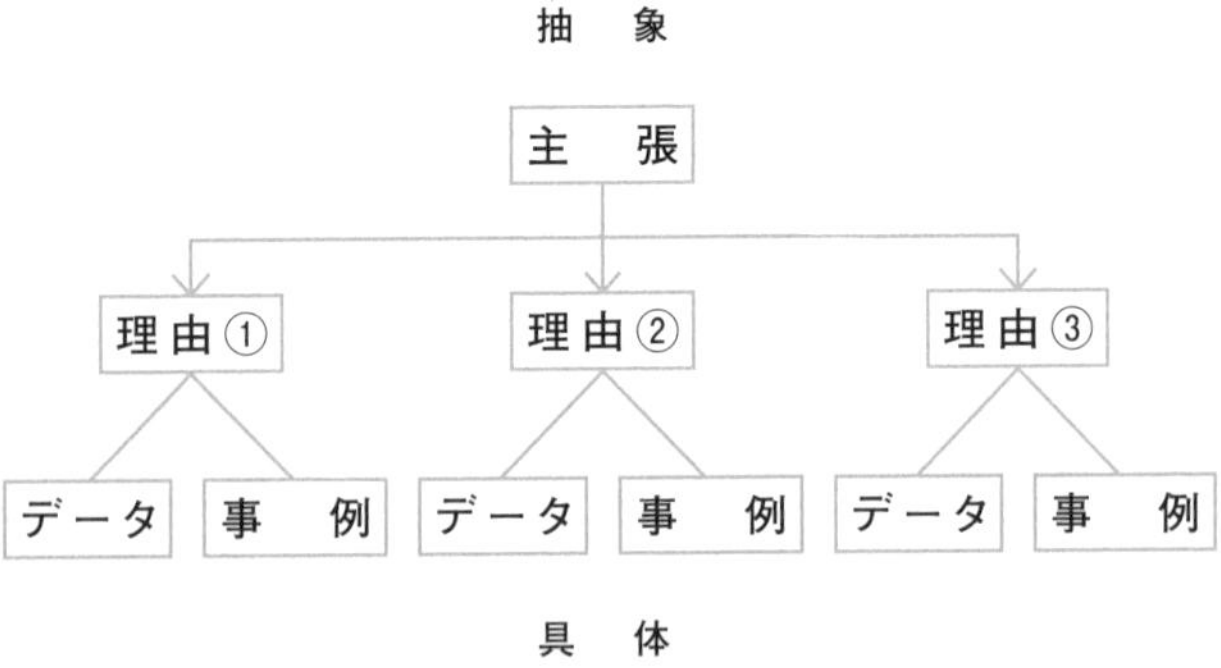

す。最も抽象的な段落よりは具体的なことが書かれている段落です。

そして、その下には、この文章の中で最も具体的に書かれている、事例の段落がきます。

段落の配置が終わったら、各段落の部屋に、簡単にその段落の要約や役割を書かせていきます。

左の例は、以前光村国語5年に載っていた「生き物は円柱形」で書かせたものです。一番下の段には、「○○の例」という言葉がきています。その上の段には、各事例をまとめた事例のまとめを表す言葉が書き込まれています。一番上には、筆者が最も伝えたい段落を配置して、筆者の主張を簡単に書き込んでいます。⑥段落は問いだけの段落でしたので、外側に配置しています。

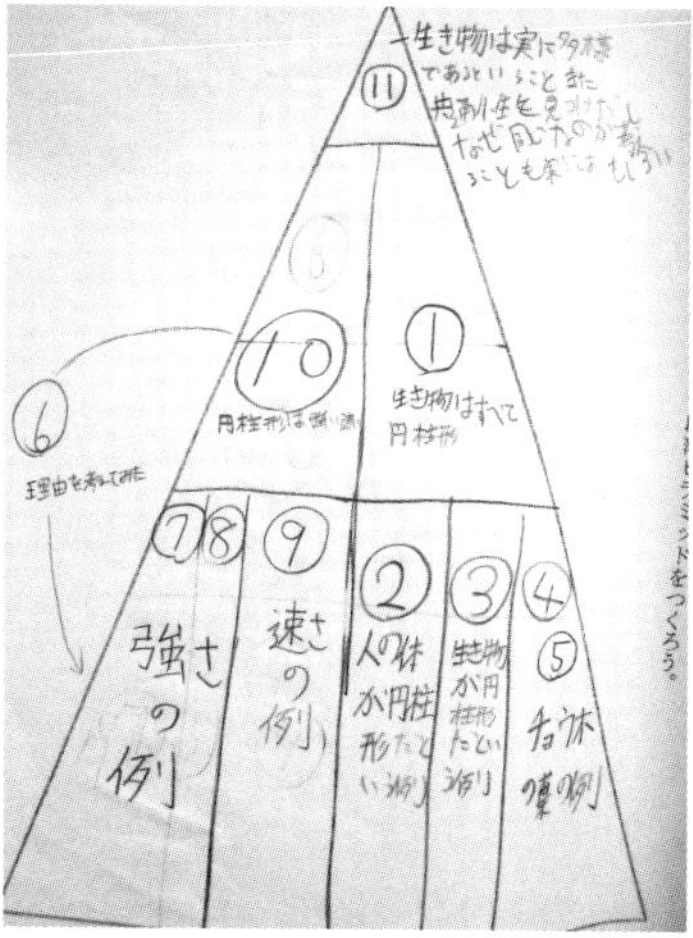

このように、各段落の役割を意識しながら、「具体と抽象」「事例と主張」ということをよく考えて「段落ピラミッド」は作成されます。高学年にピッタリの学習活動です。作成させて、交流するだけで議論が盛り上がります。

また、各段落の部屋に言葉を書き込むことで、自然と要約をさせることもできます。

さらに、教師が教材研究を進める際にもとても有効なので、ぜひやってみてください。

常識

12

音読は家でさせるものである

提案

音読は教室で教師がきっちり指導する

POINT

現状、音読指導はほとんどされておらず、音読カードを渡して家でやらせているのみになっています。しかし、それだけでは子どもはやる気を出しません。家でやらせつつ、学校で教師の指導があってこそ、実りのあるものになるのです。

音読カードを渡して、「家で読んでね」……⁉

音読は読解の基礎、学力の基礎とも言える非常に重要な力です（犬塚美輪（2012）、高橋麻衣子（2013）荻布優子・川崎聡大（2016）など）。

しかし、学校現場において軽視されていると言わざるを得ません。

音読カードを渡して、家でやらせる宿題任せになっている現状があるからです。音読は家でやるもの、と言わんばかりに、毎日宿題に出すくせに教室ではまともな指導がなされていません。

教室で子ども達に音読「させる」ことはあっても、それは読解の授業の導入としてただ読ませることがほとんどで、「指導している」とは言えない状況です。

青木幹勇（1989）でも次のように述べられています。

わたしは年間、かなり多くの授業を見せてもらいます。たいていどの授業でも、子どもたちは、音読をしています。教師も音読をさせています。しかし、あれは確かに音読の指導だ。この読み声は、まぎれもなく音読指導の成果であるというような、音読に出会うことはめったにありません。

私もこの考えに賛成です。

この背景には、国語の授業が読解中心になっていることが挙げられるでしょう。国語の「読むこと」の時間では登場人物の心情を読み取ったり、説明文の構造を話し合ったりするなど、いわゆる「読解」に多くの時間が割かれています。指導書や書籍などの指導プランを見ても、ほとんどがそのようなものになっています。

読み取らせたいことや考えさせたいことが山ほどあり、とても音読指導まで手が回らないといった感じでしょうか。

私も、これまでに高度なことを読み取らせようと意図する国語の授業をいくつも拝見しました。しかし、子ども達が音読する場面では、ボソボソと小さい声でたどたどしい音読をする子が多いことが度々ありました。このような状況で高度な読解など成り立つでしょうか。

学力が高い子しかついていけず、音読もたどたどしくしかできないような子は置いてけぼりになってしまうのではないでしょうか。

「常識」の問題点

読解力や学力全体の基礎であるくらい重要な音読なのですが、現状では、音読カード、宿題に頼り切っている指導になっています。もはや「指導」とは言えない現状です。

もちろん、音読カード自体は悪ではありませんし、有効な場合も多いでしょう。

問題なのは、音読カードを渡して「家で読んでおきなさい。家の人に聞いてもらいなさい」とだけ言って学校では音読カードのチェックだけをするような、音読カードに頼り切った指導です。

私もつい数年前まで同じようなことをしていました。しかし、これは教師の役割と責任を放棄していると気づいたのです。問題点を列挙します。

第一に、音読の力は、非常に重要な力であり、「家でやっておいて」と家庭任せにできるようなものではないからです。これを指導することを放棄しているようでは、教師としての仕事を放棄しているようなものです。

第二に、「家でやっておいて」とするだけでは、子どもはやる気を出すはずがないからです。

宿題として出されたから家で練習しますが、その練習の成果を発揮する場がなかったり、教師からフィードックがなかったりすれば、どうしてやる気になるでしょうか。

教師が子どもの音読を聞いて評価することは、子どもが音読に対してやる気をもち、取り組む姿勢を変えるためにも重要なのです。

第三に、家の人がいない、あるいは家の人が忙しくて子どもの音読など聞いていられないような環境にある子どものことを全く無視した指導だからです。そのような子達は、家の人に聞いてもらいたくても聞いてもらえません。これでは教室の中で格差は広がる一方です。

「常識」の長所

宿題に課すことで、一応子ども達の音読の機会を確保することにはなっています。しかし、家で練習してもその成果を発揮する場がないので、子ども達はやる気になりようがなく、家での取り組みも次第にいい加減になるか、やったふりをするだけになっていきます。

教師側から見た「常識」の長所は、「楽」の一言でしょう。本当は必死に指導しなくてはならないことなのに、「時間がないから」などの理由から「家でやっておいて」で済ませてしまっているからです。この「常識」は本当に百害あって一利なしと言わざるを得ません。

「常識」を乗り越える

「常識」を乗り越えるため、私は一人ひとりの音読をしっかり聞くことから始めました。

一人ひとりの音読を聞いて、初めてその子の音読する力が分かるからです。

至極当然のことです。しかし、この当然のことが現場では疎かになっています。

一人ひとりの音読を聞いた上で、個別に評価をしていくことが、子ども達の音読力を伸ばしていく上でこの上なく重要です。

一斉に音読させて、それを聞いて「声が出てきたね」などと評価しても、一人ひとりの音読力を

上げることには繋がりません。むしろ、ほとんど読めていないのにクラス全体に埋もれていって、発見されるのが遅れるかもしれません。

子ども達一人ひとりの音読力を保障するには、個別評価、個別指導が命なのです。

例えば、その方法の一つが音読テストです。上の写真のように、単元の中盤と終わりに一人ひとりの音読を私が聞き、評価をしていきます。具体的に、スピードや読み間違い、声の大きさなどの基準を示した上で、かなり厳しく評価をつけていきます。すると、これまで家でどれだけ練習してもその成果を発揮する場すらなかった子ども達は、見違えるほど音読に対してやる気を出すようになります。保護者からも「今年は家での音読の取り組みが、驚くほど変わりました」とよく言われるようになりました。当然、読み声は格段の違いでした。

さらに一人ひとりの音読をきちんと聞き、個別評価、個別指導をして全員が音読をスラスラできるようになった上で読解の授業を行うと、自然と出てくる意見も深く、そして多くの子から出されるようになりました。

常識 13

音読はゆっくり気持ちを込めて読ませる

提案

音読は素早く読ませる

POINT

音読はゆっくり気持ちを込めて読む、という指導が多くなされます。気持ちを込めて読むのは、朗読に適した読み方です。全員に保障したい音読の力は、スラスラと読み上げる力です。むしろ素早く読ませるようにした方が、この力は伸びやすいです。

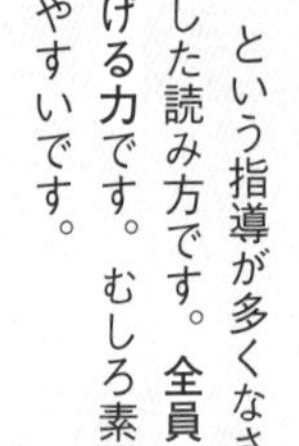

感覚に偏った音読指導

常識⑫では、教師がしっかり音読を「指導」すべきだと主張しました。

しかし、全国に広がるとまではいかなくとも、個人や局所的には音読指導はこれまで少なからず行われてきてはいます。

松浦年男（2019）は音読指導に関する実践論文14本を分析し、そこから分かる実践者の音読指導観について分析しています。その結果、「感じ取る」などの「感覚に関わる事柄を重視している様子が窺える」と結論づけています。

私も、小学生のとき、音読をしたら先生から「もっとゆっくり、気持ちを込めて読みなさい」と言われたのを覚えています。

この「ゆっくり気持ちを込めて」は、まさに音読指導の「常識」と呼べ、よく聞かれる言葉です。しかし、この指導は、抽象的で子どもにとってはどう読めばよいか分かりにくいですし、松浦（2019）で言われるような、感覚に偏った指導と言わざるを得ません。

もちろん、言葉の感覚を養ったり、登場人物の心情を読み取り、それを読み声で表現したりすることは重要なことです。

しかし、それらは少し高度であり、感覚的なので、なかなか全員の子達には難しいのではないでしょうか。たとえ人物の気持ちを読み取れたとしても、それを音読で表現できるかどうかには疑問符が付きます。個人の表現力の違いがどうしてもあるからです。

まずは、そのような感覚面ではなく、「スラスラ読める」ところを目指していった方が、全員が取り組めますし、指導もしやすいと思います。

しかも、「スラスラ読める」という力は非常に重要な力です。

先に述べたように、音読の力は読解力や学力の基礎になっています。

これらは、心理学の世界でもデータがはっきりと出ています。そして、この場合の「音読の力」とは、基本的に「流暢に読み上げる力」（犬塚美輪（2012）より）を指しています。

つまり、「スラスラ読める」力ということです。

このことに関して、市毛勝雄（2002）では「すらすら読めるということと読解力があることは、ほとんど同義であると言ってよい」と述べられています。

このようなことを踏まえると、音読指導は、まずは「スラスラ読める」ように指導していくべきではないでしょうか。

その上で、感覚を養うような指導や表現力を高める指導、場合によっては黙読の指導などもしていくとよいのではないかと私は考えています。

「常識」の問題点

音読指導が「感覚面」に偏りすぎていることです。なぜか私達教師は、子どもに音読させるとき、気持ちを込めることや豊かな表現力を求めがちです。それは、なかなか難しいことなのです。我々教師だって、それらが得意だと胸を張って言える人は意外と少ないと思います。それを子ども全員に求めるのはなかなか難しいことです。そうではなくて、まずは「スラスラ読める」というところを目指して指導していくべきではないでしょうか。

「常識」の長所

「常識」の長所は、子ども達の言語感覚や表現力を伸ばせるということです。

もちろんこれらは重要なのですが、「スラスラ読める」ということがある前提でねらっていくべきことではないでしょうか。

「常識」を乗り越える

「常識」を乗り越えるため、まずは私の中で音読指導のねらいを階層化することにしました。次ページの図です。

このように音読指導のねらいを「階層化」すれば、教師自身の余裕や子ども達の現状に応じて指導を使い分けられるようになります。

例えば、これまで音読指導に力を入れてこなかったが、子どもの学力を保障するという意味で力を入れたいという教師は、まずは「読む力」としての音読を育てていけばいいのです。具体的には全員がスラスラ音読できるように指導していきます。そして、子ども達がスラスラ音読できるようになってきたら、感覚や表現力を養う実践へとステップアップしてもよいでしょう。

また、これまで音読指導には力を入れてきて、子ども達は全員スラスラ読むことはできるようだという場合であれば、その上の段階に挑戦していけばいいのです。

私の場合は、そもそも音読指導にあまり力を入れてこなかったので、まずは「スラスラ読める」ところをねらって指導をするところから始めました。

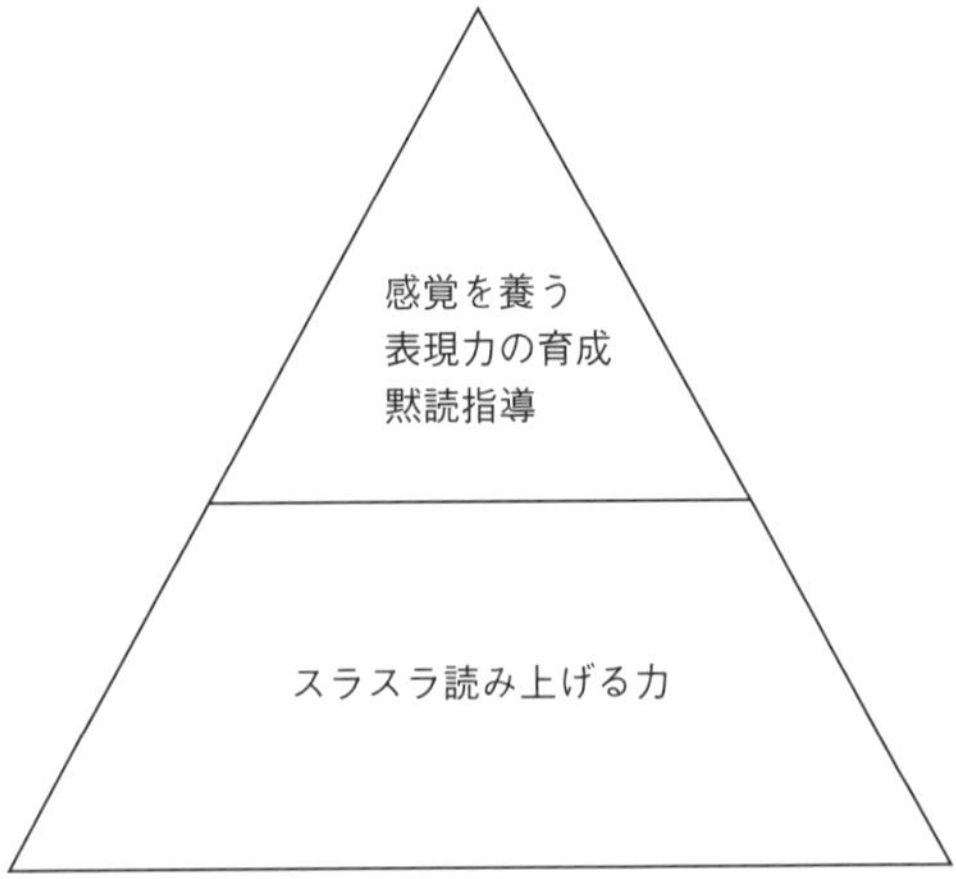

「すらすら読める」ことをねらった先行実践・先行研究である「すらすら音読」を提唱する市毛編（2009）では、具体的な一分間の読み上げ文字数を次のように示しています（27ページ）。

中学年…一分間300字
高学年…一分間400字

これを参考に、子ども達とこの文字数の基準を共有し合いながら、スラスラ読めるように、ということを指導し続けていきました。

すると、子ども達は今までよりも意欲的に音読に取り組むようになりました。今まで漠然と「気持ちを込めて」「ゆっくり」などと指導されてきていてイマイチ自分の成長が分かりにくかったのが、自分の目で見て分かる「文字数」が基準になり、成長が自覚しやすくなったのです。

子ども達はどんどん読むスピードを高めていきました。最終的には、市毛編（2009）で示されている文字数よりも格段に多くの文字数を読めるようになりました。低学年でも300字は余裕で到達し、高学年だと500字ほど読み上げられるようになりました。

一点注意したことは、文字数にだけこだわって、いい加減に読むのを禁じたことです。ハキハキと張りのある声で読めているかをその都度チェックするようにしました。

常識

14

音読では、難しい漢字の読みを重視する

提案

音読では、ひらがなの読みを重視する

POINT

最初に範読をしたり子どもに音読を指導したりする際、どうしても漢字の読みばかり教えて終わり、ということになりがちです。それよりもむしろひらがなの読み間違いなどを重視して指導した方が、子ども達は文章を細かく見て、言葉を大切に扱うようになっていきます。

ひらがなにこそ「微妙な違い」が表れる

これまで、教師が音読の「指導」をしっかりすることが大切だと述べてきました。

しかし、いざ子ども達に音読を「指導」しようとすると、どうしても単元の最初に漢字の読みを教えたり、授業中に子ども達に読ませて漢字の読み間違いを指摘したり、と漢字に関しての音読の指導に偏りがちになります。

これは、「とにかくまずは正しく読ませなくては！　そのためには漢字を読めないと話にならないな」という教師の思いが働いているからでしょう。

あるいは、「音読指導」とは具体的に何を指導すればよいか分からないから、とりあえず多くの子ども達がつまずくであろう難読漢字の指導をしておこうといった具合かもしれません。

いずれにせよ、音読指導にあまり力を入れていない教師は、漢字の読みの指導に偏って指導するものです。

日本語において、「は、を、が、こそ、も、さえ」などの助詞や「しかし、だから、ところで」などの接続詞は非常に重要です。

例えば「は」が使われるのと「こそ」が使われるのとでは、かなり意味が変わってきます。「太朗は優勝者だ。」という文と「太朗こそ優勝者だ。」とでは、そこから取れる意味合いが変化します。

接続詞に関しても同様です。段落の頭に「しかし」とあるのと「だから」とあるのとでは、その後の展開は大きく変わります。

このように、助詞や接続詞は日本語において非常に大きな役割を果たしています。

そして、これらはひらがなで書かれます。

ひらがなで書かれており、一見音読するのは簡単そうに思えるところが逆に厄介です。

子どもは難しい漢字の読みは集中しても、ひらがなはいい加減に読み間違えたり、読み飛ばしたりする場合があります。

例えば「2センチメートルほど取り……」という文を勝手に「2センチメートル取り……」と読んでしまうようなことが多くあります。

これを、些細なミスと捉えてはいけません。そういうことをしていると、いつまで経っても、文章を細かく見て、「言葉を大切に扱う子」には育ちません。

一語一語の意味を深く考え、思慮深く言葉を使おうとする子には育ちません。

まずは、教師が「日本語においてひらがなは重要だ」という捉えをもつことが重要です。ひらがなの言葉にこそ、日本語の特徴である「微妙な違い」「ニュアンス」が表れるのです。その機微を子ども達に気づかせられれば、子ども達は言葉を大切に扱うようになっていきます。

ちなみに、音読におけるひらがなの重要性に関しては芦田恵之助（1987）でも指摘されていることです。

「常識」の問題点

教師自身が、音読指導では漢字の読みに注意していればよいと捉えていると、実際に子ども達への声かけや指導もそのようになっていきます。

すると、子ども達も漢字の読みを間違えなければ、とりあえず読めていると勘違いをしてしまいます。

こうなってくると、子ども達の目は文章を細かく見ず、粗く見るようになっていきます。文章を「大体」で見るようになっていくのです。

これは、国語科の授業を通して子ども達の言葉の力を伸ばそうとしている我々の思いとは反する子ども達の姿に違いありません。

少なくとも私は、子ども達に「言葉を大切に扱う子」「一語一語の意味を深く考え、思慮深く使う子」に育ってほしいと考えています。

「神は細部に宿る」とよく言いますが、音読指導においても、「細部」であるひらがなにこそ、教師も子どももこだわるべきなのです。

「常識」の長所

この「常識」の長所は、とりあえず漢字の読みを子ども達に定着させることができるということでしょう。範読の段階で、漢字の苦手な子にはきちんと読みを教えて、ルビを振らせないと、自分で音読練習をすることができません。そういったことを防ぐためにも、漢字の読みを指導しておくことは重要です。

しかし、それだけで音読指導は終了ではありません。漢字の読みの指導と並行して、ひらがなの重要性に気づかせていく指導もしていくことが重要です。

「常識」を乗り越える

「常識」を乗り越えるために、私は漢字の読みを指導するのに加え、ひらがなの重要性をタイミングを見計らって指導することにしました。

漢字の読みを指導するのは、範読して読み聞かせたり、「これは〇〇と読むよ」と伝えたりして、こちらから指導すればよいだけです。

しかし、ひらがなの読みの重要性について指導するにはタイミングが重要です。こちらから「ひらがなは重要だよ」と一方的に伝えても、あまり意味がありません。

子ども達に実感がわかないからです。

そうではなくて、子どもがひらがなを読み飛ばしたり、読み間違えたりしたときを指導の絶好のチャンスと捉え、そういうときに即興的に指導していくようにするのです。

例えば、先のように「2センチメートルほど取り」を「2センチメートル取り」と読んでしまった子がいたとします。

そうしたら、一旦音読をやめさせます。

そして、クラス全体や読んだ子に、「今、少しだけ違うところがあったのだけれど、どこが違ったと思う？」と尋ねます。

そして、「2センチメートルほど取り」を「2センチメートル取り」が違ったということに気づかせ、板書します。「この二つだと意味はどう違うかな」と発問し、この二つの意味を比較させていきます。

すると子ども達は、「ほどがついているということは、ぴったりでなくてもいい」「逆にほどがついていないときは、ピッタリの方がいいんだね」などと意見を言い、「ほど」という言葉の重要性に気付いていけます。そこで私は、「日本語って、ひらがな二文字で大きく意味が変わるんだね。他のひらがなもそうかもしれないよ？　ひらがなをよく見て音読するようにしよう」と声をかけます。

このように、一方的に教師が指導するのではなく、子どもから出てきた読み違いを使いながら、タイミングよく指導する方が子どもには強く印象に残るのです。

常識

15

習っていない漢字は使わせない

提案

習っていない漢字もどんどん使わせる

POINT

習っていない漢字を使わせないのは教師のエゴに他なりません。習っていない漢字もどんどん使わせるべきです。もちろん、注意すべきことはありますが、どんどん使わせる中で子ども達は漢字を使えるようになっていくのであり、わざわざ足を引っ張るようなことはしないことです。

本当に「子どものため」を思えば、使わせるべき

教師は、自分が定めた枠から子どもがはみ出すのを極端に嫌う生き物です。

一時よりは大分見られなくなりましたが、いまだに「習っていない漢字は使わせない」という指導が存在しています。

その理由や言い分はというと、「間違えて使うことで、間違えて覚えてしまうから」「書き順を指導していないのでめちゃくちゃな書き順で書いてしまうから」などだと予想され、まとめると、習っていない漢字を使わせないのは、「子どものため」だというものが主でしょう。

しかし、それは表の理由であって、ウラの理由としては、やはり「自分が指導していないことを勝手にやられるのが嫌だ」という教師のエゴが存在していると私は考えています。

なぜそれが私に分かるかと言えば、私にもその気持ちが理解できるからです。

私も、自分が「こうする」と言ったことを子ども達が乗り越えてこようとするとき、少し「嫌だな」と感じることがあります。

例えば、ある年、教室の棚に絵の具セットを横向きにしまわせていたのですが、整頓係の子がそれだとみんなが使いにくいと言って、全て取り出し、縦向きにしまったのです。「先生！　この方がみんな取りやすいと思うので、入れ替えました。帰りの会でも呼びかけたいと思います」とその子

から事後報告を受けた私は、正直、少し「嫌だな」と感じてしまいました。

細かいことですが、自分が決めて子ども達に伝えていた絵の具セットの向きが、勝手に変えられていたことから、自分が定めた「枠」から子どもが飛び出していて、なんだか教師である自分の権威が脅かされるように感じたのです。

しかし、そのときはすぐに「いやいや、でもこの方が絵の具セットを取り出しやすいのは事実ではないか。自分はよく考えもせず横向きにしまわせていたのだし……。何よりこの子がそれに気づいて、自分たちの教室をよりよくしようと行動したのは素晴らしいことだ」と考え直すことができ、その子を褒めました。

本当に「子どものため」になるのは、叱ってやめさせるのか、褒めてその案を取り上げるのか、どちらか冷静に考えたのでした。

この絵の具セットの話と漢字を使わせるか使わせないかの話と何の関係があるのだ、と読者の方々に怒られてしまいそうですが、私の中ではこの問題は同一線上にあります。

教師が定めた枠の外に子ども達が出ていこうとするのを極端に怖がってはいけません。もちろん危険な場合や学級経営上大きな問題になる場合は、やめさせることもあります。

しかし、本当に「子どものため」を考えたとき、枠から飛び出すことを許容したり、ときにはあえて枠から飛び出させるように仕向けたりすることも、重要なのではないでしょうか。

「常識」の問題点

子ども達に「習っていない漢字は使ってはいけません」と指導していては、子ども達はいつまでたっても受動的な学習者のままです。

教師から教えてもらうのを待っていて、書ける漢字、書いてみたい漢字でさえも書かずに、あえてひらがなで書くような日常を送っていたら、自分から漢字を勉強しよう！　というような主体性は育ちようがありません。

これが最大の問題点です。

子ども達の中で漢字学習が、常に待ちの姿勢のつまらないものになり、学習意欲が減退するのです。それに伴って、当然漢字の読字力や書字力も下がっていきます。

もっと漢字を学習したい！　と全く思えないのですから、当然の結果です。

「常識」の長所

一方、「常識」の長所としては、子ども達に間違えて覚えさせないという唯一の長所があります。ですが、これは、習っていない漢字を積極的に使わせる中でも、教師が間違いを正すということを怠らなければ、並行して満たすことのできる長所です。

ですから、「常識」の唯一の長所を踏まえ、習っていない漢字を使わせる際は、間違いがあれば正すことだけは念頭に置いていきましょう。

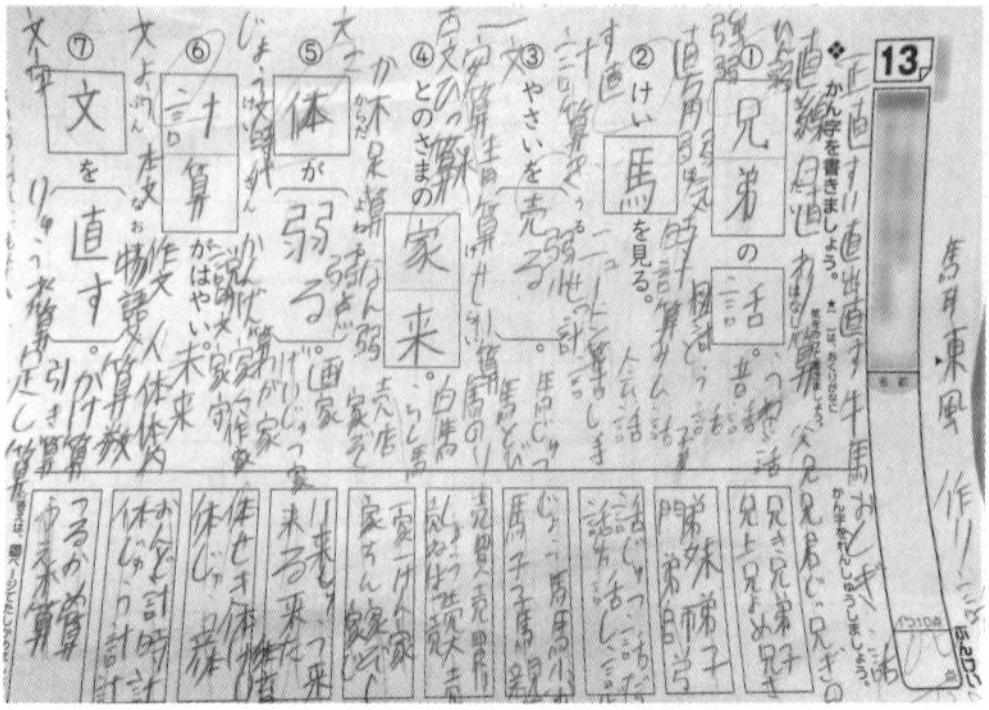

▶漢字スキルアップ付属のたしかめテスト（文溪堂）

「常識」を乗り越える

私の場合、未習の漢字を子どもにも使わせますし、教師である私自身も板書等で使うようにしています。

例えば、上は2年生の漢字小テストです。

空欄を埋めたら、今度は出題されている漢字の他用例を書き込ませています。

書き込めた他用例には、+1点入るシステムになっています。ただし、100点満点の場合のみ加点されるようにしています。そうしないと、+点を取ることだけに躍起になり、肝心のテストの方をいい加減に書く子が出てくるからです。

2年生ですから、学習している漢字はまだまだ少なく、字は習っていたとしても習っていない読みもあります。ですが、子ども達は案外多くの用例を知っているものですし、知りたいと思っているものです。そのような子達の思いを大切にし、思い切り発揮できるような場をつくりたくて、このような実践を始めました。

　このようなシステムにすることで、そんな子ども達の背伸びしたい心をくすぐり、漢字を使う力を伸ばしていけるのです。ただし、間違えた言葉を書いていた場合は正すことが大切です。

　また、下は3年生の板書（「モチモチの木」）です。

　難しい言葉も漢字で表記しています。このような繰り返しの中で、子ども達は漢字を見慣れていったり、読めるようになったりしていきます。習っていないから教師も子どもも使わない、というのは悪手です。

　ただし、子ども達が読めない漢字には読み仮名のルビを振ることは欠かせません。

　また、ノートに書かせるときは、漢字でもひらがなでもよいこと、ノートをチェックしたときに漢字を間違えている場合はしっかり正すことは忘れてはいけません。

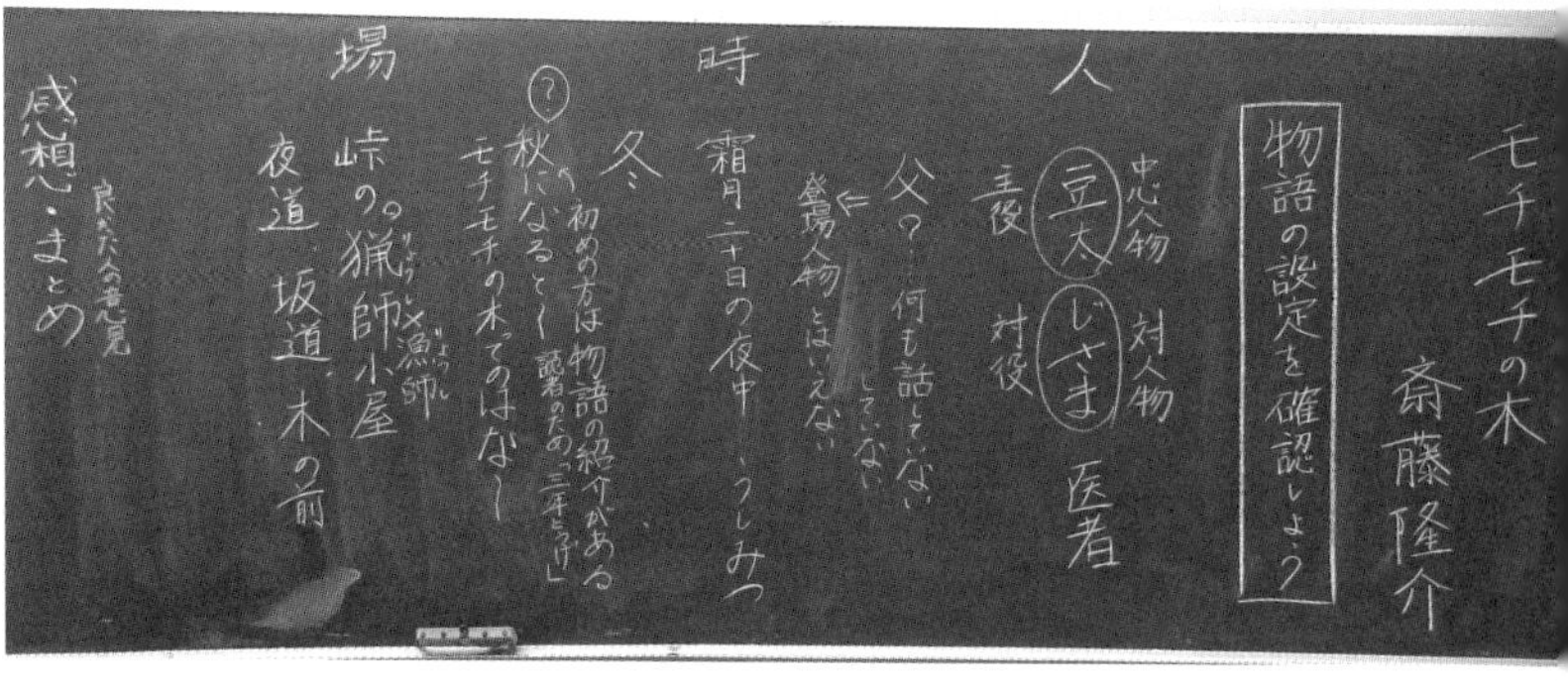

常識

16

漢字はみんな同じペースで進める

提案

漢字は自分のペースで進める

POINT

新出漢字を学習する漢字ドリル。これをなぜ全員が同じペースで進めなくてはならないのでしょうか。個別最適化や自己調整学習の必要性が叫ばれる現在、同じペースで進めるのではなく、自分のペースで進めさせる方が、よほど子ども達にとって実りのある学習になります。

「みんな同じ」では育たない力がある

新出漢字は、基本的に漢字ドリルで指導します。

多くの場合、漢字ドリルで新出漢字を指導し、あとは家で宿題として漢字練習ノートにやらせてくるというシステムで指導を進めていくと思います。

あるいは、高学年にもなってくると漢字ドリルも漢字練習ノートも全て宿題、子どもが家でやってくるという学級も少なくないはずです。

その際、教師は「今日はこの文字とこの文字」や「今日は○ページをやってくること」などと、子どもに取り組ませるページを指定します。

教師が一年間で指導しなくてはいけない漢字の数と宿題を出せる日をあわせてペースを考え、子どもに指示するというわけです。

これでは、常識⑮でも述べたような「受動的な学習者」そのものです。

教師から指示された文字を「みんな同じ」に決められた通りにやってくるだけの宿題では、子ども達が自己決定や工夫をする余地などが全くなく、意欲もわきません。

この「みんな同じ」で進めていく漢字ドリルの指導法ですが、これは冷静に考えるとおかしなことです。

元々、知っている漢字の数には大きな個人差があります。日常的に漢字にふれる機会に大きな差があるからです。読書をよくする子は知っている漢字の数が多く、そうでない子は少ないはずです。しかも、漢字ドリルは、新出事項が次々に出てくる計算ドリルと違い、「授業で習っていないから進められない」ということはありません。

基本的には、進め方をしっかり指導しさえすれば、あとは子どもが全て自分の力で進められるものです。

既にほとんど書ける子も、全く書けない子も、同じペースで進めさせられることで、子ども達は受動的になり、意欲を失っていくのです。

これでは、今求められているような「個別最適化」の学習や「自己調整学習」どころではなく、「指示待ち」で意欲の低い子達になっていくだけです。

思い切って、自分のペースで進めさせてみてはいかがでしょうか。

「常識」の問題点

「みんな同じ」ペースで進めさせる漢字指導では、大きな問題点が二つあります。

一つが、子ども達の意欲が高まらないということです。

中には言われた通りにやるのが好きな子もいますが、やはり自分で考えて自分で決めたときの方が人はやる気になるものです。

「みんな同じ」の漢字ドリル指導では、子ども達に自分でペースを考えさせたり、自分で決めて自分から取り組んだりする機会をことごとく奪ってしまうのです。

子ども達は受動的になってしまい、意欲を失います。

二つめが、結果として力もつかないということです。

現行の学習指導要領では、自分で自分の学習を調整しようとする力が「主体的に学習に取り組む態度」の大きな要素の一つとして挙げられていますが、「みんな同じ」ペースでは、こういった力を育てることも見取ることも、非常に困難になってしまいます。

そして、先述のようにそもそも意欲が低下してしまいますから、肝心の漢字を読む力や書く力、使う力も伸びにくいと言わざるを得ません。

「常識」の長所

一方、「みんな同じ」ペースで進めさせる長所はというと、教師側から見ると「管理のしやすさ」が挙げられます。「みんな同じ」で進めさせることで、ある子がいい加減に取り組んだり、ある子が遅れてしまい漢字を未習のまま終えてしまったり、ということを防ぐことができるからです。

子どもの側から見ても、「見通しをもちやすい」という長所は挙げられるでしょう。自分で考え、自分で決めるのが極端に苦手な子もいます。そういう子にとっては、教師からペースを指定してもらえるのはありがたいことでしょう。

「常識」を乗り越える

私は、群馬県の深澤久先生のご実践を参考に、漢字ドリルを終える期限を決めた上で、子ども達のペースで進めさせることにしました。

しかし、ただ「自分のペースで」と、子ども達を放っておくだけでは放任になってしまいます。やがて取り組みがいい加減になってきて、「常識」の長所も満たせない、お粗末な実践になってしまうでしょう。

そうならないために気を付けたことは主に三点です。

第一に、漢字ドリルの進め方をしっかり指導し、教師が1ページずつ細かくチェックしたことです。自分のペースで進めさせますが、ある程度進め方のルールは決めないと、いい加減に進めて「終わった！」と言う子も出てきます。ルールを決めてその趣意と一緒に伝え、なおかつ1ページずつ教師がしっかりチェックを入れることで、子ども達はいい加減には取り組みません（具体的な漢字ドリルの進め方などは、『漢字指導の新常識』学陽書房等をご参照ください）。

第二に、自分のペースを考える機会をつくることです。放っておいても、主体的に取り組んだり、

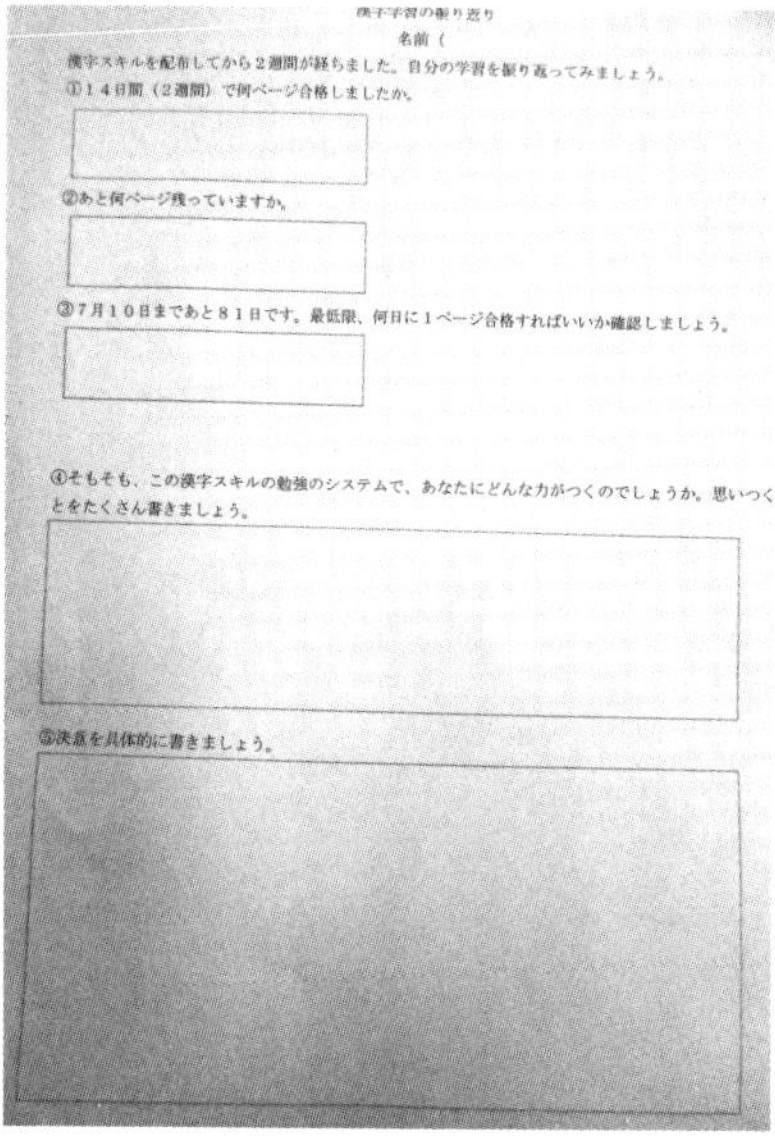
漢字学習の振り返り

名前（

漢字スキルを配布してから２週間が経ちました。自分の学習を振り返ってみましょう。

①１４日間（２週間）で何ページ合格しましたか。

②あと何ページ残っていますか。

③7月10日まであと８１日です。最低限、何日に１ページ合格すればいいか確認しましょう。

④そもそも、この漢字スキルの勉強のシステムで、あなたにどんな力がつくのでしょうか。思いつくことをたくさん書きましょう。

⑤決意を具体的に書きましょう。

自分のペースを考えたりする子もいますが、当然そうでない子もいます。上のようなプリントを配り、大体どれくらいのペースで進めればよいのかを計算させ、自覚させました。これだけでも、ほとんどの子が気を引き締めてやるようになります。

漢字ドリルをスタートして少し経ち、一時の勢いが停滞してきたかな、と思われるときに行うと効果的です。

第三に、個別指導をすることです。やはり、自分のペースで進めるのが厳しい子もクラスにはいます。そういった子を放っておいては、漢字を未習になってしまい、「常識」以下の実践になってしまいます。そういう子は一対一で、自己決定させることを大切にしながら、スモールステップで目標を決めさせ、取り組ませ、振り返らせる……という関わりを粘り強く行い、何とか自分から漢字学習に取り組めるように指導していくことが重要です。

常識
17

新出漢字を一周学習する

提案

新出漢字を何周も学習する

POINT

一般的な指導法では、その学年に配当されている新出漢字を一年間かけて一周、一通り学習することを目指して、教師がペース配分して宿題に出します。しかし、そうではなくて何周も学習する方が当然、定着もよくなります。

一周だけでは覚えられない

小学校の一年間で学習しなくてはならない漢字の数は非常に多いものです。

1年生ではひらがなやカタカナも学習するので、学習する漢字の数は80字ですが、2年生では160字と跳ね上がります。

以降、3年生200字、4年生202字、5年生193字、6年生191字です。

学校に登校する日数は約200日ですから、一日一文字学習してやっと終わる計算です。

これだけ学習しなくてはならない漢字が多いので、常識⑯のように教師はペースを計算して決め、宿題に出すことで何とかクリアしているのが現状でしょう。

ただし、この場合の「クリア」というのは、一通り指導した（宿題に出してチェックした）程度のことであり、定着しているかどうかは全く別の問題です。

そもそも、一年間を通して満遍なく新出漢字を振り分けて、それを塗りつぶしていくように学習していくペースでは、一文字を練習するのは一年間のうちの限られた日だけになります。

基本的には教科書に出てきた順に学習を進めますから、4月単元の漢字は4月に、5月単元の漢字は5月に……といったぐあいに、それぞれが教科書で出てきたタイミング（あるいは少し先取りした時期）で学習して、終わりということになります。

これでは、学期末や年度末には忘れてしまっていても、当然なのではないでしょうか。

野口芳宏（1998）でも、「漢字指導は忘れとの闘いである」と述べられています。

私もこの野口先生のお言葉に同感です。

一般的な指導法では、ドリルで指導した後、漢字練習ノートに、その字を丁寧にたくさん練習させます。

もちろん、多くの子はこれでそのときは覚えるでしょう。

しかし、先述のように、一年間をかけて新出漢字を満遍なく学習するペースで行うと、その漢字を学習する機会は、新出漢字として学習した、そのときだけです。

そのとき、いくら丁寧に練習したからといって、毎日毎日新しい漢字を学習していくので、何か月も前に学習した漢字は忘れてしまっても不思議ではないでしょう。

これが、学校現場でよくある、「小テストではできるのに、抜き打ち50問テストでは書けない」という現象の大きな原因の一つです。

小テストは、漢字を10字程度学習した後に行います。

ですから、漢字練習ノートに練習した記憶がまだ新しいので、子ども達も対応できます。

しかし、50問テストをやる頃、つまり学期末や年度末にははるか昔の記憶になってしまっており、抜き打ちで50問テストをされると歯が立たないのです。

このような状況では、漢字が「定着している」とは言い難いのは誰が見ても明らかです。理論編でも取り上げたように、現に、ベネッセ教育研究所（2013）によれば、前年度に学習した漢字の正答率が全国平均で59％に留まっているのです。

「常識」の問題点

この「手法常識」の背景には、一度教えたら子どもは覚えているものと、一度指導したら「指導済み」だと、捉えている教師側の「概念常識」が存在しています。

結果的に、子ども達に力がついていないことが最大の問題点です。

「常識」の長所

教師側からすると、「管理しやすく」「見通しをもちやすい」ということが挙げられるでしょう。そして、一応指導しなければならない漢字はすべて指導したという「アリバイ作り」にもなっています。しかしながら、これは単なる「アリバイ」に過ぎず、子ども達に定着していなくては意味がないのです。

一方、子どもの側から見ると、「見通しをもちやすい」「何をすればいいか明確」という長所があるでしょう。

前項とも重なりますが、教師から指示されたことをこなしていくだけなので、「昨日はこの字をやったから、今日はこれか」と、取り組みやすいことは確かだと思います。

「常識」を乗り越える

漢字は一周するのではなく、何周も何周もした方が定着しやすくなります。

先に挙げた「常識」の長所を生かしつつ、私が行った指導改善の具体を二つご紹介します。

第一に、漢字学習の年間スケジュールを子ども達と共有し、見通しをもたせた上で、新出漢字を何周もさせるようにしたことです。

年間スケジュールの詳細は拙著『漢字指導法』（明治図書出版）等をご参照いただきたいと思いますが、簡単にここで示すと、

- 漢字ドリルで一通り全ての新出漢字を短期間で学習する
　↓
- 漢字練習や小テスト
　↓
- 漢字50問テスト

という流れです。

つまり、漢字ドリルで先に新出漢字を一通り全て学習した後、再び初めの漢字から漢字ノートで漢字練習をしたり小テストを行ったりして、最後に50問テストを行うという流れです。

漢字ドリルは常識⑯で示したように自分のペースで進めさせますが、かなり早い「期限」を設けます。私の学校は前期後期の二期制ですが、子どもの実態等にもよるのですが、大体前期の締め切りは6月末ごろ。後期の締め切りは11月末ごろです。本来であれば6か月丸々かけて新出漢字を学習するところを、2、3か月ほどで終えてしまい、その後は漢字練習や小テストを繰り返していくことで、新出漢字を練習する機会を一年間の短い時期に一度だけ取るのでなく、長い期間かけて何度も取るようにしたのです。単純に、新出漢字にふれる回数を多くしたということです。

第二に、効率よく新出漢字を一周できる学習方法を指導しました。

例えば、「漢字一周」は、新出漢字を送り仮名等は無しで一度ずつ書いていく練習法です。半期分がノート1ページに収まり、なおかつ15分程度で半期分の新出漢字を一回練習することができます。一日に何十回も書いても、日が経てば忘れますが、何日もかけて、一日一回でも書き続けると、その方が長く覚えているものです。

このように、何周も新出漢字にふれられるようにすると、抜き打ち50問テストでも、子ども達は余裕で書けるくらい、しっかり定着します。

常識

18

漢字は縦に練習する

提案

漢字は横に練習する

POINT

漢字練習では、何となく、縦に同じ字を書き連ねていく方法を採りがちです。しかし、実はそれよりも横に違う字を書いていった方が圧倒的に定着しやすくなります。

漢字は縦に書く、と誰が決めたのだろう!?

一般的に「漢字練習」と聞くと、縦に同じ字を書き連ねていく方法がほとんどの人の頭の中に思い浮かぶでしょう。

私自身、小学生のときからずっと漢字練習をしてきていますが、縦に同じ字を何度も書いていました。漢字学習における、定番中の定番と言える「常識」です。

しかし、ふと立ち止まって考えてみると、本当にこの方法は有効なのでしょうか。

この方法にかなり効果があるのであれば、日本全国の子ども達はもっと漢字を書けるのではないでしょうか。

このような、誰もが「当たり前」と考えるようなことにこそ、実は改善の余地が隠されているのです。

「常識」の問題点

この練習法の問題点を考えてみましょう。

それは、縦に何度も同じ字を書くことによって、途中で雑になって字形が崩れたり、何も考えない「作業」になったりしてしまうことです。

ひどい場合は、へんだけを下まで書いて、その後つくりだけを下まで書くような練習をしている子もいます。

漢字練習ノートのマスを埋めることが目的になってしまっているのです。

そこまでひどくなくても、縦に同じ字を何度も書く場合、最後まで集中して丁寧に、考えながら練習することはなかなか難しいのが実状でしょう。

どうしても、作業的にならざるを得ないと思います。

そうすると、結果的になかなか定着していかないのではないでしょうか。

「常識」の長所

それでは、漢字を繰り返し書くことに意味はないのでしょうか。

結論から言うと、全くそんなことはありません。

漢字を書けるようになるという観点においては、ある程度繰り返し書くことは欠かせない、と結論づける研究もあります。

例えば、繰り返し書くことに関して、棚橋尚子（２０１５）では、「漢字習得に不可欠な行為であることは心理学の分野でも示唆されており、漢字習得において基本的な学習法略の一つであることは間違いなさそうである。」（25ページ）と述べられています。

したがって、漢字を書く機会を保障することができるのは、この「常識」の最大の長所と言えるでしょう。

しかし、あまりその効果が出ていないのは、繰り返し書かせる「方法」に一工夫が足りないのだと思います。だからこそ、「作業」のようになり、頭が働いていない学習に陥り、ノートのマスを埋めるだけになってしまうのでしょう。

繰り返し書かせる、ということは漢字練習に欠かせません。繰り返し書くという要素は保ちつつ、ほんの少しの工夫をして、子ども達が考えながら取り組めるようにする必要があります。

「常識」を乗り越える

私は、漢字を「縦に」「同じ字を繰り返し」書くことに問題があるのだと考えました。

この過程には、「忘れる」隙間がないのです。

脳科学では、いったん忘れたことを思い出すことを「想起」といい、想起することで記憶が強化するとされています。

この「想起」を生かした学習法を「想起練習」といい、学習したことを少し「忘れた」頃に思い出すことで記憶が強化されるといわれています。

私は、この脳科学の知見と福嶋隆史（2017）で言及されていた、交互に漢字を書く漢字練習法

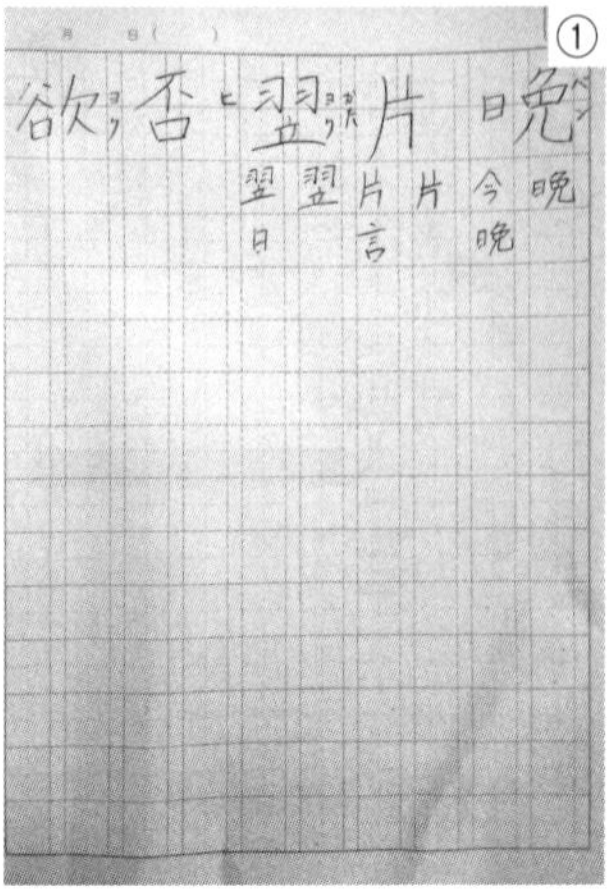
①

②

を援用し、漢字練習を「横に」「違う字を書いていく」という方式に転換してはどうかと考えました。

まず、漢字練習する漢字を漢字ドリルから見つけさせます。

やみくもに全ての漢字練習をするのは非効率です。それよりも、自分が書けない漢字を見つけさせて練習をさせます。

書けない漢字を見つける方法は、ドリルを使って、読み仮名以外をノート等で隠しながら、空書きしてみる方法を指導しました。これなら、自分でチェックすることができます。

そして、書けない漢字を漢字ノートの上の段に書き出しておかせます。

改善した漢字練習では、それらの漢字を縦に何度も書いていくのではなく、上の写真のように横に、交互に違う字を書いていくようにします。

③

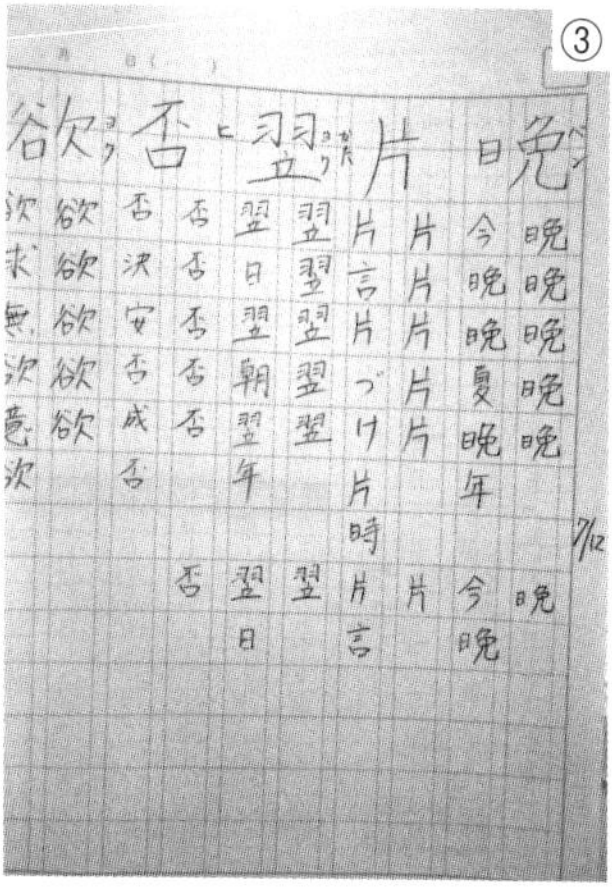

④

そうすることで、一文字をずっと書き続けて雑になり字形が崩れたり、作業的になったりするのを防ぐことができます。

また、同じではなく違う字を書いていき、また最初の字に戻った際は、忘れていたものを「思い出す」という「想起」が行われるので、記憶が強化され、漢字が定着しやすいというメリットもあります。

ベネディクト・キャリー（２０１５）によれば、脳科学の見地からも、単純な反復練習よりも、このような「変化」をつけた反復練習の方が身につきやすいことが明らかにされています。

この漢字練習法を子ども達に指導してからは、子ども達がいい加減に、ただマスを埋めるような練習をしなくなり、より効率的な漢字練習ができるようになりました。

常識

19

文章を自由に書かせる

提案

限定を与えて文章を書かせる

POINT

作文の際、「自由に書いてごらん」と子ども達に投げかけがちです。すると、子ども達からは「書くことがない」という嘆きのオンパレード。「自由」というのは辛いのです。適度な「制限」をかけることで、子ども達は逆に書きやすくなり、意欲も高まります。

「自由に何でもいいから書いてごらん」↓「書くことがない……」

子ども達の文章を書く力を高めたいと願う教師は数多くいます。

文章を書く力が高くなると、それは考える力が高まっていることに他ならず、物事を見つめる目が育っているということでもあります。

しかし、文章を書く力は一朝一夕では育てることができません。

一般的に、文章を書くということは、子ども達にとって難しくて負荷が大きく、面倒なことだからです。話すことと比較してみると、よく分かります。

同じ「表現すること」ですが、話すことの方がよっぽど気楽に、簡単に行えます。

そして、作文の指導の際にやってしまいがちなのが、子ども達のそんな負担感を減らすつもりで「何でも自由に書いてごらん」と声をかけることです。

この指導は、現場ではよくなされる「常識」中の「常識」ですが、この声かけを受けて「よし！それなら！」とやる気になって作文を書くようになった子を一人も見たことがありません。

むしろ、「えー、自由にって言われても、書くことないもん……」と、子ども達がさらにやる気を失う後押しをしているような気さえします。

これは、我々大人も同様ではないでしょうか。

我々大人も、自分で相当自信があり、自分の考えがはっきりしている分野の仕事でもない限り、「自由にやっていいよ」と言われても、「よーし！　自由にやってやるぞ！」とはなかなか思えず「自由と言われてもなぁ」と思うものではないでしょうか。

作文以外の子ども達の学習活動でも同様です。

例えばスピーチでも、「何でも自由に3分間話して」と言われるのと、「自分の好きなスポーツについて3分間話して」と言われるのとでは、後者の方が話しやすいでしょう。

「自由」というのは、むしろ子ども達を苦しめている言葉なのかもしれません。

「常識」の問題点

文章を「自由に」書くというのは、教師からすれば「ハードルを下げよう」としたり、「子どもらしい素直な表現で」書いてもらいたいと願っていたりするからなのかもしれません。

しかし、子どもからすると、「自由に書いていいよ」と言われると、ただでさえ難しかった作文が、さらに難しいものになってしまうのです。

その結果、子ども達の書く意欲はさらに低下してしまいます。

これが最大の問題点です。

「自由に書いていいよ」というのは、書きたくて書きたくてたまらない！　というような子達に向けてはよいかもしれませんが、そうではない子達に対してはあまりにも工夫のない指導と言わざるを得ません。

そもそも難しい作文なのですから、子ども達が「書きたい！」と思えるような工夫をしていかなくてはならないのです。

「常識」の長所

書く意欲の高い子達、書く力が高まっている子達に向けては、「自由に書かせる」というのは、子ども達の本来の表現を引き出せてよいでしょう。

しかし、普通は、そういう子達はほんの一部です。他の大多数の子達にとって、書くことは難しく、面倒なことなので、「自由に」と言われても逆に力を発揮できず、さらに書くことが嫌になることの方が多くなっているのが現状でしょう。

「常識」を乗り越える

文章を書かせる際は、「自由に」ではなく、逆に「限定」を与えて書かせた方が、子ども達は意欲的になり、文章の質も高まります。

ここでは、「限定」を与えて文章を書かせる具体的実践を二つ紹介します。

一つが、文字数限定作文です。

これは、文字数に「限定」をかけて書かせる作文です。字数を限定した作文が初めて提案されたのは、管見の限りでは藤原与一（１９６５）です。ここでは「二百字限定作文」として紹介されています。これを受けて村野聡（１９９６）では藤原の提唱した「二百字限定作文」を応用して、子どもに様々な作文の技能を身につけさせていく指導法についてまとめています。

字数を限定することで、子ども達は取り組みやすくなります。また、言葉を厳選したり吟味したりするようにもなります。

昨日の「かぼちゃプリン」はおいしくなかった。私はもともと「かぼちゃ」は好きじゃないが一口食べてみようと思い食べた。そしたらおいしくなかった。食感は普通のプリンと同じだが、味はくさった卵のようにまずかった。こんなに、まずいスイーツがあることを知らなかった。来年は絶対食べたくない。

字数に関して、藤原（１９６５）では「２００字は１５０字でもよい」（１２０ページ）と述べています。これは、２００字という数字が重要なのではなく、決められた字数ちょうどに書こうとすること自体が重要だということを示唆しています。そこで私は１４０字に設定しました。２００字と比べてもさらに文字数を少なくし、気軽にどんどん書けるようになります。子

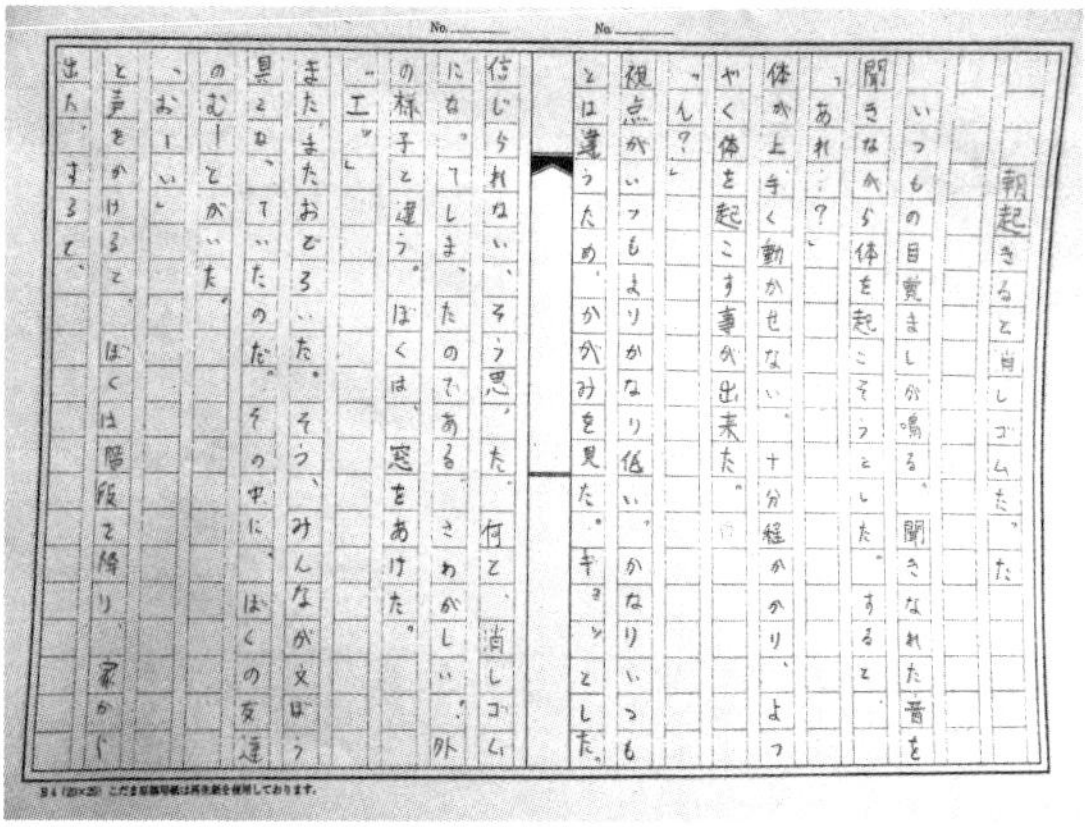
朝起きると消しゴムだった
いつもの目覚ましが鳴る。聞きなれた音を
聞きながら体を起こそうとした。すると
「あれ…?」
体が上手く動かせない。十分経かかり、よう
やく体を起こす事が出来た。
「ん?」
視点がいつもよりかなり低い。かなりいつも
とは違うため、かがみを見た。ぎょっとした。
信じられない、そう思った。何て、消しゴム
になってしまったのである。さわがしい。外
の様子と違う。ぼくは窓をあけた。
「エッ」
またまたおどろいた。そう、みんなが文ぼう
具となっていたのだ。その中に、ぼくの友達
のむーとがいた。
「おーい」
と声をかけると、ぼくは階段を降り、家から
出た。すると、

どもたち達も「もう一枚書けた!」ととても喜びます。この140という数字はTwitterからヒントを得ており、ひとまとまりの意味をもつ文章の最小単位が140〜160字と言われているそうです。

いま一つが、キーワード作文です。

これは、作文に必ず入れなくてはいけないキーワードをいくつか与え、その「制限」のもと書かせる作文です。例えば、「消しゴム」「時計」「東京ドーム」など、名詞をキーワードに与えるとよいと思います。

作文のときに迷うのがテーマ設定です。何について書こうかと迷っている間に、時間がどんどん過ぎていってしまいます。

キーワード作文だと、与えられたキーワード同士をどのようにつなげばひとまとまりのお話になるか、をよく考えないと書けないので、自然とテーマ設定を検討することができるのです。

常識

20

文章の正しさにこだわって指導する

提案

書く意欲にこだわって指導する

POINT

どうしても、私達教師は、子ども達の文章の正しさに目を向けがちです。そうした指導が、子ども達の「書く」意欲をどれだけ奪ってきたことでしょうか。文章を書くという行為は非常に難しいものです。書く意欲を損なわない指導が重要です。

「正しさ」はそんなに重要……!?

子ども達に文章を書かせるとき、教師はどのような指導を行っているでしょうか。

おそらく、多くの先生方が真っ先に頭に思い浮かべるのは、子ども達の書いた文章を読み、句読点や字の間違い、文章の間違いを指摘する「添削」ではないでしょうか。

「漢字を間違えているよ」
「『わ』じゃなくて『は』だよ」
「段落の最初は一マスあけなきゃ」

こうした、子どもが書いてきた文章のよくないところばかりを指摘するような指導は、減点方式の指導と言えます。このような減点方式の書くこと指導で、子ども達はやる気になるでしょうか。

文章を書くという行為は、非常に高度な活動であり、難度の高い行為です。同じ「表現」である話すことと比べると分かりやすいです。自分の思いをペラペラと話すことはできても、それをひとまとまりの文章にするとなると、かなり骨が折れます。

大人でも同様ですから、子どもではなおさらです。

そんな、難しい「書くこと」ですが、頑張って書いて教師のもとにもって行ったのに教師から「あそこがダメ、ここがダメ」とダメ出しばかりの減点方式指導を受けたら、どんな気持ちになるでしょうか。

「よーし！　もっと正しく書けるように頑張るぞ！」とか「もっと書きたいな！」と思う子はどれくらいいるでしょうか。ほとんどいないのは目に見えて明らかですよね。

むしろ、私は、書くことが嫌いで苦手な子ども達の多くは、こうした減点方式の指導によるのではないかとさえ考えています。

その是非は置いておくとしても、子ども達を「書くのが嫌いではない」「苦手ではない」という状態にもっていくことが、何より重要だと考えています。

ここが全てのスタートです。

その上で、徐々に正しい文章、質の高い文章を書けるように指導していけばよいのです。書くことに対して、苦手意識さえもっていなければ、そういう指導も受け止められるようになります。

ですから、初めのうちは、書くことを嫌いにさせない、苦手意識をもたせないということ、意欲的に書けることを重要視していく方が、減点方式でやる気を失わせる指導よりも、結果的にはよっぽど子ども達の書く質も高まるのです。

あの大村はま先生でさえ、全員を上手な文章の書き手に育てることなどできないとした上で、大村はま（1994）にて「上手下手をあまり言わず、書くことが特別なことをするという気持でなくなるように、書き慣れさせるように」（243ページ）すべきだと述べられています。

私など凡人には、子ども達に書くことに苦手意識をもたせないことを書くこと指導のゴールにしてもよいくらいだと思います。

「常識」の問題点

子ども達が書くことを嫌いになったり、苦手意識をもってしまったりするのが最大の問題点です。教師でさえ、上手で正しい文章を書くことができる人はあまりいません。それなのに、子どもが書いてきた文章のダメ出しばかりをしているというのは、冷静に考えると滑稽です。

そうではなくて、子ども達が書くことに抵抗感を減らせるような指導をしていくべきです。大村先生の言葉を借りれば、「書き慣れる」ようにしていくべきなのです。

「常識」の長所

「常識」の長所は子ども達が、表記上の正しい文章を書けるようになることです。いや、実質的には書いた文章が表記上正しくなると言った方が正確かもしれません。

もちろん、添削することは卒業文集や誰かに宛てた手紙など、必要なときも多々あります。そういうときに添削しないのは、指導の放棄です。しかし、教師が、書くこと指導＝添削と捉えてしまうと、弊害が大きくなります。多くの子ども達は、書くことが嫌いになってしまうからです。

「常識」を乗り越える

そこで、私は初めのうちは、子ども達が正しい文章を書いているかどうかよりも、意欲的に書いているかどうかを重視して指導するようにしました。

具体的には、活動を通して量をたくさん書ける子にしていくということです。どれだけ書けたかは子ども達にとっても分かりやすい指標になります。「たくさん書けた！　あれ、自分って書くの得意なのかも」と書くことへの抵抗感が減るのです。一方、「正しく書けたぞ！」と自信を深めることはあまりないと思います。

ここで具体的活動について詳細を書くことは、紙幅の都合上できないので、拙著『国語科基礎力トレーニング』（東洋館出版社）や「〇年生国語科指導法」シリーズ（明治図書出版）をご覧ください。低学年までは一文や箇条書き、中学年からは、文章を決められた時間の中でたくさん書く活動を帯的に毎回の国語授業に取り入れていきます。積み重ねることで、全員の書く量が増えていきます。それに伴い、子ども達の書くことへの抵抗感がなくなっていきます。

また、書く量を増やすのは国語の授業に限ったことではありません。どんな授業の時間でも、書くことはします。体育でも体育カードを書きますし、社会でも理科でも自分の考えや気づいたことを書きます。国語の時間だけで子ども達の書く意欲や書く量を高めていくのは限界があります。他の時間にも、楽しませながら、どんどん書かせていくのです。

下は、生活の振り返りシートです。何の変哲もないシートですが、下の紙は所せましと文章を書き連ねています。スペースが足りなくて付箋を貼って書き足しています。上が5月、下が3月に書いたものです。同じ子が書いたものです。

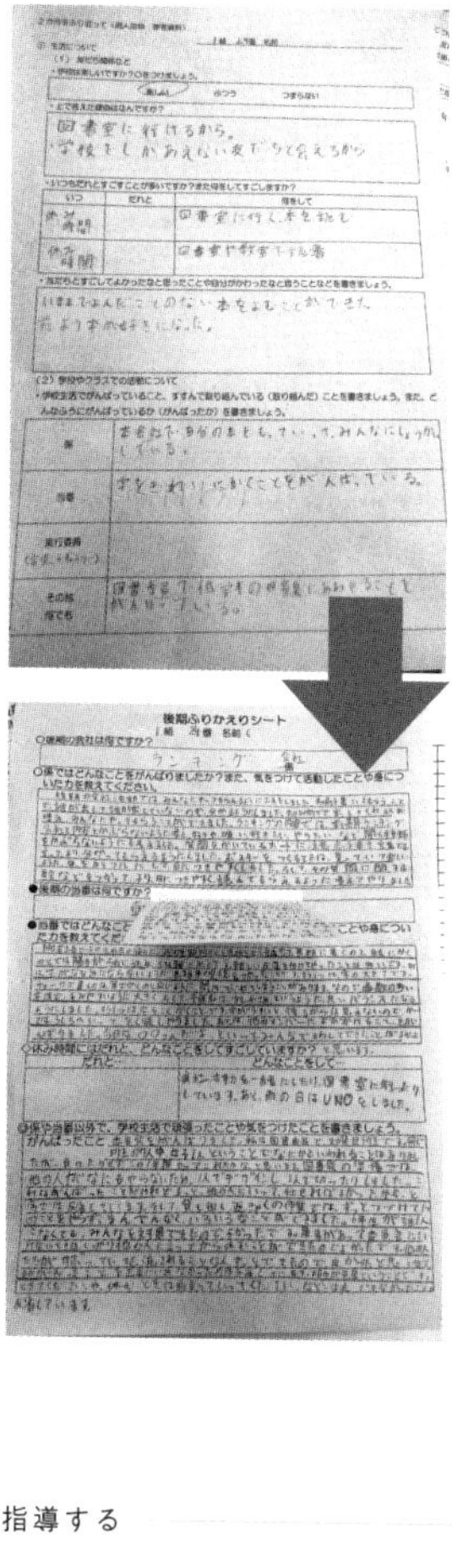

これくらい書くことに対して意欲的になっていれば、文章を正しく書く指導や質を高める指導をしていっても、悠々と受け止めてくれます。文章を正しく書く指導をするには、まずは一文を正しく書かせることです。ここではたくさん書かせず、一文ずつ書かせて細かく指導します。私は、「漢字の広場」など小単元を用いて指導することが多いです。また、常識⑲で紹介した文字数限定作文でも、細かく指導していけます。

常識 21

「モデル」を見せるなど話し合いの指導を事前に行う

提案

話し合いをさせてみて、みんなで観察する

POINT

話し合いの指導では、モデルを見せるなどして事前に事細かにポイントを指導し、その上で話し合いをさせることが多いと思います。しかし、それだけで実行するのはなかなか難しいものです。それよりも、実際に話し合いをさせてみて、それを観察しながら、コツを見つけて共有していく方が全員が理解することができます。

「モデル」を見せて、それをやらせようとしても……

子ども達に、しっかりとした話し合いができるようになってほしいと願わない教師はいないでしょう。

しかし、話し合いの指導は意外と難しく、なかなかうまくいかないものです。

ペアや班でしっかり話し合えているな、というクラスに出会うことはあまりありません。

「班で話し合いましょう」という指示が、特に高学年では多く使われます。私もよく使います。

しかし、その様子をよく見てみると、話し合いが全然成立していない班が多くあります。

例えば、一人一人がノートに書いたことを読み上げて発表していって、それに対する意見が全く出されず、すぐに終了してしまう班です。

こういう班は、大抵ものの3分もしないうちに「先生、終わりました」なんて言ってきます。または一応話し終えたので、おしゃべりをしたり、遊んだりしてしまう班も出てきます。

これは、どうすれば話し合いが充実するかが分かっていないことに起因します。「やり方」が分からないのです。

話し合いは、国語科だけでなく各教科でも子ども達にさせています。

ですが、その実情をよく見てみると、私たち教師は、自分が思っている以上に子ども達の話し合う力を育てられていないことに気づかされます。

このような経緯で、子ども達の力を伸ばせていないことに気づいた私は、その原因をさらに探ろうと考えました。そして、国語科の話し合いの指導で、子ども達の力を伸ばせていないのではないかと考えるようになりました。

普通、教科書の話し合いの単元では、モデルとなる話し合いを教科書紙面や動画・音声等で確認し、それに則って子ども達にも行わせるという流れで指導が行われます。

このような話し合い単元の学習の流れは、子ども達にとってかなり難しいと思います。

まず、文章で読み、動画・音声で見聞きしたからといって、それをすぐに自分が実行するのは難しいでしょう。モデルを見せられただけでは「よし！　やってみよう！」と意欲的な姿勢にもなりにくいです。

また、教科書のモデルがかなり理想像過ぎて、実態とはかけ離れたものになりがちだということも、話し合い単元を難しくしている要因の一つです。

低学年の単元はまだそうでもないのですが、高学年になってくると、かなり高度な話し合いが円滑に行われているものが教科書に載っています。

レベルが高すぎる理想像を見せられても、「こんなのできないよ……」となる気持ちは、大人からしてもよく分かります。

さらに、話し合いは音声言語で行うので、記録に残らず、話したその瞬間から消えていきます。ですから、後から自分たちがどの程度できていたのかを振り返ったり、他のグループはどのように話し合っているのかなどを知ったりする機会がないことも、話し合いの学習を難しくしています。自分たちの話し合いの記録もなければ、他のグループの話し合いの様子も見られないので、学習を振り返ろうにも振り返りにくく、学習したことが積み重なっていきにくいのだと思います。

「常識」の問題点

見出した「常識」の問題点をまとめておきます。

まず、教科書のモデルももちろんよくできているのですが、むしろよくできすぎているからこそ、実態に合っていない場合も多いことが問題点です。

さらに、そのモデルを見たところで子ども達の意欲もわきにくく、逆に「こんなにうまくできない」と考えてしまいがちです。

そして、他のグループの話し合いの様子だけでなく自分のグループの話し合いの様子すら分からないことがあり、学習が積み重なっていきにくいことも大きな問題点です。

「常識」の長所

モデルを見せる、知らせるということ自体はよいと思います。これがなければ、話し合いの指導事項を取り立てて指導していくことなどできないと思います。しかし、それが実態に合っていないことが多いということが問題です。

「常識」を乗り越える

そこで、モデルをクラスの中から出すことにしました。

クラスの子ども達の実態に最も合ったモデルは、クラスの中に存在するのではないかと考えたからです。

クラスの中から一つのグループを選び、教室の前で話し合いを実際にやってもらい、他の子達はそれを観察し、よいところや課題を見つけることにしたのです。

これが、とても効果がありました。

教科書のモデルを見せるよりも、子ども達は興味津々で話し合いを観察していました。他のグループの話し合いの様子を見る機会など、今までほとんどなかったからです。

また、みんなの前で話し合いをする子達は、非常に張り切って、望ましい姿、指導しなくてはい

けない指導事項に通ずる姿も多く見られました。例えば、学習指導要領の高学年の話し合いの指導事項には「考えを広げたりまとめたり」することが書かれています。考えを広げたりまとめたりすることのできている具体的な姿が見られたのです。具体的には、「〜という意見もありましたが」という言葉を使って、相手の意見にふれながら最終的に自分の考えをまとめる姿などです。

こういう姿をみんなで観察し、「話し合いのコツ」として見つけ、具体的な言葉（この場合「〜という意見もありましたが」）と一緒に共有していくのです。

普段は話し合いをしていても、なかなか気付けないことにも、見ることに専念すれば気付けるものです。話し合いの「やり方」（コツ）に気付いていくと、無意識だった話し合いを意識的に行うようになり、非常に実のあるものになります。

代表のグループは輪番制で、全員が一度はみんなの前で話し合いを行えるようにしました。自分の話し合いの様子を客観的に振り返る機会などほとんどなかった子ども達は、見ていた子ども達からのコメントに熱心に耳を傾けていました。

常識

22

原稿を読み上げさせる

提案

原稿を要約したもので話させる

POINT

スピーチなど、話す学習の際、原稿を精密に書くまではいいのですが、本番でそれを読み上げさせている指導を目にします。それでは、「話す」活動とは言い難いと思います。原稿を書かせ、それを要約したものを作らせ、それを見ながら、あるいは聴衆に見せながら話させるようにします。

「話す」ではなく、「書く」!?

スピーチや説明、報告など、自分の考えや調べたことを話して発表する学習が、教科書ではどの学年でも設定されています。

このような学習は、もちろん「話す」学習です。

学習指導要領でも「A　話すこと・聞くこと」の「言語活動例　ア」がこれに相当しており、文字通り「話すこと」に位置付けられていることが分かります。

しかし、こうした「話す」学習においてよく見られるのが、原稿を丸読みする子どもたちの姿です。

原稿を丸読みしているとき、その子がそのとき行っていることは「読む」(音読)ことです。

さらにいうと、その原稿を「読む」よりもさらに時間と労力をかけて取り組んだのは、原稿を「書く」ときだったということが容易に予想されます。

そのため、原稿を丸読みする「話す」学習は、実質的には「書く」学習になってしまっていると言えるでしょう。

「話す」学習をしているつもりが、「書く」学習になってしまっているとすれば、我々教師は、子ども達の「話す」力をしっかり伸ばすことはできていないということになります。

私は原稿を「書く」ということがいけないとは考えていません。

スピーチというのは、決められた時間の中で、ひとまとまりの話をしなくてはいけませんから、その場で考えて支離滅裂な話をするわけにはいきません。

しかし、「話す」という行為には、前もって話す内容はある程度決めておくにしても、「即興性」は欠かすことができません。

一字一句、全て前もって決めておいた言葉を発するということは、「話す」ことにおいては現実的ではなく、全く同じ話をしようとしても、相手や場に応じて、言葉遣いや抑揚、間、はたまた話に出す事例まで、少しずつ変えていって然るべきだと私は思います。

原稿に書いてあることをその通りに「読める」ことが、「話す」力があるとは言いません。

しかし、教師は原稿を「書く」指導に力を入れ、書けたとしたら、今度はそれをどのように「読む」かを指導している実態があります。

「話す」という行為の特性の一つは「即興性」にあるのです。その点を意識して指導しなくては、本当の意味で「話す」指導をしたとはいえないでしょう。

ですから、「話す」学習においては、原稿を丸読みさせるのではなく、「話す」活動に焦点を当てて行わせる必要があります。

「常識」の問題点

この「常識」の問題点は、子ども達に「話す」指導をしているつもりが、「書く」指導になってしまっていることです。

これは、教師が意識してそうなっているわけではありません。

実質的に、そのようになってしまっている実態があるということです。

教師が「話す＝原稿を読み上げる」という概念があるので、このような手法を採ることに至るわけです。

ですから、この「常識」を乗り越えるには、教師が「話す」ということについてよく考え、望ましい「話す」について捉え直していく必要があるでしょう。

「常識」の長所

一方、この「常識」にも長所はあります。

原稿を書いてそれを見ながら（読みながら）話させるので、子どもが安心して取り組めるということです。

我々大人も含めて、多くの人の前でひとまとまりの話をするというのは、なかなか難しいことです。

ですから、原稿は子ども達の安心感にはつながっているはずです。

「常識」を乗り越える

「常識」の長所である、子ども達に安心感をもたせるという長所は生かしつつ、いかに「即興性」を大切にした「話す」指導ができるか、ここがポイントです。

私は、自身がセミナーに登壇してお話をしたときに当てはめて考えて、解決策を思いつきました。

私はパワーポイントで話す内容を簡単な箇条書きにして、それを聞いてくださっている方と一緒に見ながら、話を進めていくスタイルをとります。

もちろん、自分でパワーポイントのデータを作っているので、ある程度どのようなスライドが出てくるかは分かっているのですが、正確に「次はどのページで……」とは覚えていません。出てきてから、それを見て即興的に事例を出したり、お聞きになられている先生方にお尋ねしたりしながら、話を進めるようにしています。

私は、このような、話す内容を決めてはいるのだけれど、即興的に話す側面もあるような「半即興的」な話し方を子ども達にも慣れさせるようにしています。

ノートの写真の右ページのように、原稿は書かせます。だから、子どもも安心して取り組めるわけです。そこから、左ページのように、要約させてスライドのようにまとめさせます。そして、話すときはそれを聞いている人と一緒に見ながら、自分も思い出して即興的に話すようにするのです（下写真2枚）。このようにすることで、子どもは、原稿を丸読みすることなく、なおかつある程度の安心感をもって「話す」活動に取り組むことができます。もちろん、中学年以降は一人一台端末を用いてもよいでしょう。

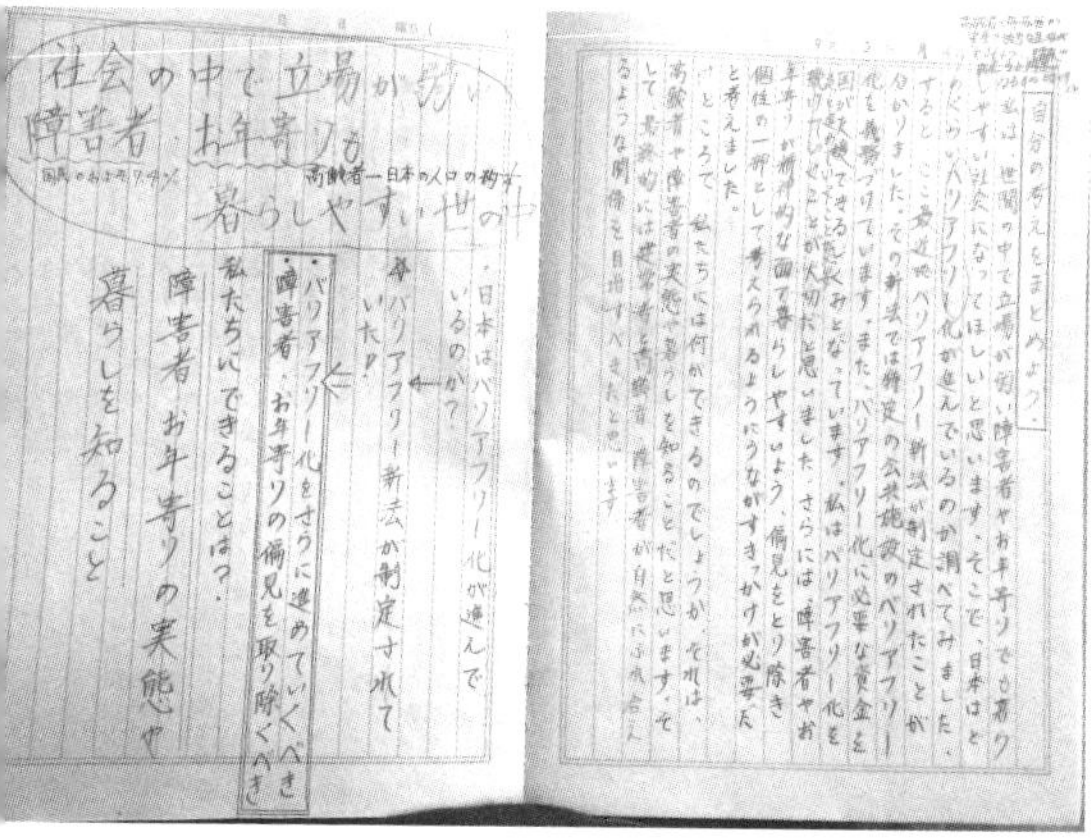

おわりに

本書は、教育界に存在する「常識」の数々に、教師が気づき、問題点を分析し、ほんの少しの改善を加えて、乗り越えていこうとすることを目指した一冊です。

今回は、私の専門である国語科指導についての「常識」に焦点を当てました。

書き上げてみてから振り返ってみると、自分が「常識」を疑い、乗り越えていこうとしているのは、自分の関心が特に高い領域だということに改めて気づかされます。

「常識」を適切に疑い、それを自分なりに乗り越えていくことが教師の力量形成に欠かせないことです。

そして、その第一歩は、その授業や指導への関心を高めること、つまり「好きになる」ということなのです。

これを教えるのって面白いな、とかこの教科は好きだな、というものをもつことから全てが始まります。

好きだからこそ、自分で追究してみたくなり、手間を惜しまず取り組むことができるのです。

「好きこそ物の上手なれ」とはよく言ったものですが、教師の力量形成にも大きく当てはまることだと私は思います。

だから、私は若手の先生方には「何か好きなもの、面白いと思うことを何でもよいから見つけてほしい」と常日頃から伝えています。

それが、遠回りのように見えて力量形成の一番の近道なのです。

そして、心から教職を楽しむことのできる一番の近道でもあるのです。

「常識」を適切に疑い、自分なりに分析し、乗り越えていくことは、やってみれば分かりますが、続ければ続けるほど、楽しくて仕方ない！　という感覚を覚えます。

せっかく選んだ教職という職業を心から楽しみつつ、子ども達と一緒に成長していけるような教師になっていくための一つの観点として、本書をお読みいただければ幸いです。

結びになりますが、この本でも、東洋館出版社　刑部愛香さんに、多大な励ましとご助言をいただきました。教職に就いてからずっと考え、実行してきた「常識を適切に疑う」ということを書籍という形にできたこと、感謝の念に堪えません。この場をお借りして御礼申し上げます。ありがとうございました。

土居　正博

参考文献一覧

青木幹勇（1989）『音読指導入門』明治図書出版

芦田恵之助（1987）『蘆田恵之助国語教育全集　第9巻』明治図書出版

阿部昇（2015）『国語力をつける物語・小説の「読み」の授業』明治図書出版

石丸憲一（2012）「文学の授業における、いわゆる三読法を見直す：通読段階での読みの指導を中心に」全国大学国語教育学会編『大会研究発表要旨集』123巻、pp.209 - 212

石丸憲一編、東京・国語教育探究の会著（2020）『小学校国語科 考えの形成を促す文学の発問・交流モデル』明治図書出版

石山脩平（1935）初出は『教育的解釈学』（賢文館、1935年）であるが筆者は再刊された『教育的 解釈学／国語教育論』（明治図書出版、1990年）を確認した

市毛勝雄（1988）「音読指導」国語教育研究所編『国語教育研究大辞典』明治図書出版

市毛勝雄（2002）「音読のねらいは進化している」『教育科学 国語教育』6月号、明治図書出版、pp.5-7

市毛勝雄編（2009）『音読・朗読・暗唱の育て方』明治図書出版

犬塚美輪（2012）「国語教育における自己調整学習」自己調整学習研究会編『自己調整学習』北大路書房、pp.137-156

井上尚美（1983）『国語の授業方法論』一光社

井上尚美（1998）『思考力育成への方略：メタ認知・自己学習・言語論理』明治図書出版

岩下修（1989）『AさせたいならBと言え』明治図書出版

宇佐美寛（1989）『新版 論理的思考』メヂカルフ

レンド社
宇佐美寛編著（1998）『作文の論理「わかる文章」の仕組み』東信堂
荻布優子・川崎聡大（2016）「基礎的学習スキルと学力の関連：学力に影響を及ぼす因子の検討（第一報）」『教育情報研究』第32巻3号、日本教育情報学会，pp.41-46
大林知子（2009）「授業における「問い」の意義と役割：斎藤喜博、東井義雄、上田薫、佐藤学の教育論から」『滋賀大学大学院教育学研究科論文集』第12号、滋賀大学大学院教育学研究所、pp.81-91
大嶋祥誉（2013）『マッキンゼー流入社1年目問題解決の教科書』ソフトバンククリエイティブ
大村はま（1994）『新編 教室をいきいきと1』ちくま学芸文庫
垣内松三（1922）『国語の力』不老閣書房
桂聖編著（2018）『「Which型課題」の国語授業』東洋館出版社
香月正登編（2015）『小学校国語科 単元を貫く！「問い」のある言語活動の展開：「考える力」が伸びる！読みの授業の新提案』明治図書出版
吉川芳則（2017）『批判的読みの授業づくり』明治図書出版
国語教育研究所（所長輿水実）編（1971）『漢字の読み書き分離学習』明治図書出版
国立教育政策研究所（2020）『「指導と評価の一体化」を目指した学習評価のための参考資料』
輿水実（1968）『国語科基本的技能の指導（全6巻）』明治図書出版
『教室ツーウェイ 1999年4月号』明治図書出版
自己調整学習研究会編著（2012）『自己調整学習』北大路書房
児童言語研究会編（2006）『今から始める一読総

合法』一光社
関口安義（1986）『国語教育と読者論』明治図書出版
高橋純・長勢美里・中沢美仁・山口直人・堀田龍也（2015a）「教員の経験年数や漢字指導法が児童の漢字読み書きの正答率に及ぼす影響」『富山大学人間発達科学研究実践総合センター紀要10』富山大学人間発達科学部附属人間発達科学研究実践総合センター、pp.53-60
高橋麻衣子（2013）「人はなぜ音読をするのか‥読み能力の発達における音読の役割」『教育心理学研究』61号、日本教育心理学会、pp.95-111
棚橋尚子（2013）「漢字の学習指導に関する研究の成果と展望」全国大学国語教育学会編『国語科教育学研究の成果と展望Ⅱ』学芸図書
棚橋尚子（2015）「学習方略を身につけさせることのできる漢字指導を目指して」『日本語学』第34巻5号、明治書院、pp.22-32
千々岩弘一（2015）「国語科教育における漢字指導の共有点とその源流」『日本語学』第34巻5号、明治書院、pp.10-20
鶴田清司・河野順子編著（2014）『論理的思考力・表現力を育てる言語活動のデザイン小学校編』明治図書出版
長崎伸仁監修、香月正登・上山伸幸編著、国語教育探究の会（2018）『対話力がぐんぐん伸びる！文字化資料・振り返り活動でつくる小学校国語科「話し合い」の授業』明治図書出版
野口芳宏（1998）『野口流・国語学力形成法』明治図書出版
浜本純逸（1978）『戦後文学教育方法論史』明治図書出版
深澤久（2009）『鍛え・育てる：教師よ！「哲学」を持て』日本標準

深澤久（2015）「〝学び方〟を教え、『やる気』を引き出す」『教師のチカラ25号』日本標準
藤原与一（1965）『国語教育の技術と精神』新光閣書店
福嶋隆史（2017）『国語って、子どもにどう教えたらいいの？』大和出版
ピーター・ブラウン、ヘンリー・ローディガー、マーク・マクダニエル著、依田卓巳訳（2016）『使える脳の鍛え方』NTT出版
ベネディクト・キャリー著、花塚恵訳（2015）『脳が認める勉強法』ダイヤモンド社
ベネッセ教育研究所（2013）「小学生の漢字力に関する実態調査2013」(https://berd.benesse.jp/up_images/textarea/research/kanjiryoku_chosa_2013_p5.pdf) アクセス日：2023年1月4日
堀裕嗣（2016）『国語科授業づくり10の原理・100の言語技術』明治図書出版
前林伸也・佐藤佐敏（2016）「根拠・理由・主張に基づく説明文指導の開発」『福島大学総合教育研究センター紀要』第21号、福島大学総合教育研究センター、pp.9-16
松浦年男（2019）「小学校国語科における音読教育の目的と効果：文献レビューによる検討」『北星学園大学文学部北星論集』第56巻第2号（通算第69号）、北星学園大学、pp.25-42
村野聡（1996）『二百字限定作文で作文技術のトレーニング』明治図書出版
森田信義（2008）「説明的文章の読みの能力構造論」『鈴峯女子短期大学人文社会科学研究集報』第55集、鈴峯女子短期大学、pp.1-15
諸見里朝賢・奥野庄太郎（1921）『読方教授の革新：特に漢字教授の実験』大日本文華株式会社出版部
早稲田大学教育総合研究所監修（2010）『「脳科学」はどう教育に活かせるか？』学文社

著者紹介

土居正博（どい・まさひろ）
神奈川県・川崎市立小学校教諭

1988年生まれ。創価大学大学院教職研究科教職専攻修了後、現職。東京書籍小学校国語教科書編集委員。全国国語授業研究会監事。国語教育探究の会会員。教育サークル「KYOSO's」代表。教員サークル「深澤道場」所属。

2015年「わたしの教育記録」（日本児童教育振興財団主催）にて「新採・新人賞」、2016年「わたしの教育記録」にて「特別賞」、2018年「読売教育賞」、2020年「国語学習デザイン学会優秀論文賞」受賞。

《主な著書》『1年生のための国語科指導法』『初任者でもバリバリ活躍したい教師のための心得』『クラス全員が熱心に取り組む！　漢字指導法』（いずれも明治図書出版）、『子どもの聞く力、行動する力を育てる！　指示の技術』『子どもに一発で伝わる！　説明の技術』（いずれも学陽書房）、『教師のNG思考』『授業で学級をつくる』（いずれも東洋館出版社）他多数

2023年3月現在

国語授業の「常識」を疑え!

2023(令和5)年4月28日　初版第1刷発行

著　者
土居正博

発行者
錦織圭之介

発行所
株式会社東洋館出版社
〒101-0054
東京都千代田区神田錦町2丁目9番1号
コンフォール安田ビル2階
(代　表) 電話 03-6778-4343　FAX 03-5281-8091
(営業部) 電話 03-6778-7278　FAX 03-5281-8092
振替 | 00180-7-96823
URL | https://www.toyokan.co.jp
イラスト
柏原昇店

装幀・本文設計
木下 悠

組　版
株式会社明昌堂

印刷・製本
株式会社シナノ

ISBN978-4-491-05089-8
Printed in Japan